Sag's auf deutsch!

Sag's auf deutsch!

A FIRST BOOK FOR GERMAN CONVERSATION

SECOND EDITION

C. R. GOEDSCHE

WITH ILLUSTRATIONS
BY PAULINE HARLAN

IRVINGTON PUBLISHERS INC., New York

First Irvington Edition 1979

Library of Congress Cataloging in Publication Data

Goedsche, Curt Rudolf, 1904–
  Sag's auf deutsch!

  Reprint of the 2d ed. published by Appleton-Century-Crofts, New York.
  1. German language—Conversation and phrase books.
I. Title.
[PF3121.G57   1979]   438'.3'421   79-22166
ISBN 0-8290-0026-7

Printed in the United States of America

Preface

The favorable reception of the first edition of this book may be attributed largely to the fact that the subject matter deals with the everyday life of the American student. It permits him, in his first attempts to express himself in a foreign language, to draw on actual experiences and to discuss personal and school matters in which he is vitally interested.

The second edition, it is hoped, will be found to be even more useful because of the addition of extensive oral exercises, written assignments, and notes (pages 111–131).

The book is intended to serve either as the chief text in conversation classes or as supplement to the grammar in beginning classes. Here the book may safely be begun after five or six grammar lessons have been covered.

The text of each lesson is divided into two sections. Section *a* (*Beschreibung*) presents a description of the picture. This text offers practice in simple narrative expression, serving at the same time as an illustration of basic grammatical principles. Section *b* (*Gespräch*) consists of a conversation between two, three, or four students, the picture and the text of section *a* forming the background for the dialogues. Additional conversations for lessons one to fourteen are grouped as *c* (*Ergänzung: Weitere Gespräche*) on pages 92–109. They are intended to serve as supplementary material for a review after the fifteen sections *a* and *b* have been covered.

In section *a* I have tried to grade the text according to grammatical difficulties. I could not introduce grading into parts *b* and *c* without sacrificing the natural and idiomatic character of the language. Good German was my primary concern. I have checked the 1,250 words used in this text with the Minimum Standard German Vocabulary by Wadepuhl and Morgan. In spite of the fact that Kaeding's *Häufigkeitswörterbuch,* upon which the M.S.G.V. is based, did not take into consideration words from oral usage, the frequency range of the words in this text is suprisingly high. Sixty-five percent belong to the 1,018 most frequent words, and 22 per cent come within the range 1,018–2,150. These figures include compound words. Eight per cent are not in the M.S.G.V., but they are words which the student will easily recognize: cognates, loan words, and, in a few instances, English words (e.g., *college*).

Successful use of this text depends upon the instructor's command of German, his enthusiasm, skill, and ingenuity, and especially upon his ability to encourage and guide students in the use of the material they have learned. We learn to speak by speaking, and the more opportunity the student is given for oral practice, the sooner will he acquire confidence and ability.

It is recommended that the exercises *a* and *b* on pages 111–131 be taken up after each section has been covered. Instructors who do not object to the use of English in a conversation class are advised to introduce additional oral drill in complete sentences. For example, variations on the sentence: *Stehen Sie immer so früh auf?* might run as follows: Does he always . . . ? Do they always . . . ? etc. Do you always get up so late? etc. Do you always get up at 7 o'clock? etc., etc.

In taking up the *Gespräche,* syntactical groups and, above all, idioms should be pointed out and practiced. The student should be urged to memorize as many of them as possible, for they are the very essence and spirit of conversation. By being able to recall spontaneously many phrases and idioms, the student will quickly enlarge the scope of his conversation.

The opinions of our colleagues vary on the question of correcting the student's mistakes. Some insist on faultless German and do not hesitate to interrupt; others permit the student to continue talking as long as he speaks intelligibly. Personally, I do not interrupt the student; I permit minor errors to pass, but jot down recurring mistakes and correct them at the end of the conversation by extensive practice.

C.R.G.

Table of Contents

Note on the Vocabularies

After each section new words only are given; words are repeated in subsequent word lists only when they are used with a different meaning. The vocabularies for sections *c* do not list words which appear in any of the sections *a* and *b* of the fifteen lessons.

In words that are not accented on the first syllable (except words with inseparable prefixes, which are accented on the root syllable), the accent is indicated [**Krawat'te, darauf'**]. In compound nouns with two accents, both the primary accent in the first element and the secondary accent in the second element are indicated, even when the primary accent falls on the first syllable [**Ra'dioprogramm'**].

The endings for the genitive singular and the nominative plural of masculine and neuter nouns are given [der **Freund** (–es, –e)]; for feminine nouns, the ending for the nominative plural is given [die **Lampe** (–n)]. The umlaut in the plural is indicated by two dots over a dash [das **Buch** (–es, ⸚er)].

The principal parts of strong verbs and irregular weak verbs are given; they are not indicated for a compound verb whose simple verbal form has appeared previously. Separable prefixes are followed by a hyphen [**auf-stehen**].

Abbreviations:

adj.	adjective	*p.p.*	past participle
adv.	adverb	*prep.*	preposition
comp.	comparative	*pron.*	pronounce
conj.	conjunction	*subj.*	subjunctive
dat.	dative	*sup.*	superlative
pl.	plural		

Sag's auf deutsch!

1   In Pauls Zimmer

Beschreibung (1-a)

Pauls Zimmer ist groß und schön. Es ist Pauls Schlafzimmer; es ist auch Pauls Arbeitszimmer. Paul ist Student; er besucht das College. Es ist Freitag; es ist acht Uhr. Zwei Personen sind in dem Zimmer; es sind Paul Schmidt und Hans Weber. So heißt Pauls Freund. Er ist hier zu Besuch.   5

    In dem Zimmer sind zwei Betten. Vor jedem Bett liegt ein Teppich. Zwischen den Betten steht ein Nachttisch. Darauf steht ein Wecker und eine Lampe; es ist eine Nachttischlampe. Auch ein Buch liegt auf dem Nachttisch. Auf jedem Bett ist ein Kopfkissen und eine Wolldecke. Über jedem Bett hängt ein Bild. Die Bilder 10 hängen an der Wand. Eine Lampe hängt an der Decke.

    In der Ecke rechts steht eine Kommode mit einem Spiegel. Auf der Kommode liegt eine Krawatte; auch eine Photographie steht darauf. Die Kommode hat drei Schubladen. Darin sind Pauls Socken, Taschentücher, Hemden, Schlafanzüge, Krawatten usw. 15 (und so weiter). An dem Fenster hängen Vorhänge.

    Paul sitzt am Schreibtisch und arbeitet. Er lernt eine deutsche Aufgabe. Das Buch heißt „Sag's auf deutsch!" Er hat einen Bleistift mit einem Radiergummi in der Hand. Wir sehen auch eine Tischlampe, eine Füllfeder und ein Tintenfaß auf dem Schreibtisch. 20 Rechts davon steht ein Bücherregal mit Büchern. Es sind englische, deutsche, französische und spanische Bücher. Auf dem Bücherregal steht Pauls Schreibmaschine. Er tippt langsam, nicht sehr schnell. Hans steht links neben dem Stuhl. Er ist noch müde und gähnt. Er hat auch Hunger.   25

WORTSCHATZ (1-a)

acht eight
am = an dem

an at, on, from
das Ar′beitszim′mer (–s, –) study

3

auch also
auf on, upon
die Aufgabe (–n) lesson
die Beschreibung (–en) description
der Besuch (–s, –e) visit zu Besuch
   on a visit
besuchen to attend
das Bett (–es, –en) bed
das Bild (–es, –er) picture
der Bleistift (–s, –e) pencil
das Buch (–es, ⁀er) book
das Bü'cherregal' (–s, –e) bookshelf
das College (–s, –s) (pron. as in English) college
darauf' on it
darin' in it
davon' of it
die Decke (–n) ceiling
deutsch German auf deutsch in German
drei three
die Ecke (–n) corner
englisch English
franzö'sisch French
der Freitag (–s, –e) Friday
der Freund (–es, –e) friend
die Füllfeder (–n) fountain pen
gähnen to yawn
groß large, big
haben (hat, hatte, gehabt) to have
die Hand (⁀e) hand
hängen (hing, gehangen) (intrans.)
   to hang
heißen (hieß, geheißen) to be called
   So heißt Pauls Freund.   That is the
   name of Paul's friend.
das Hemd (–es, –en) shirt
heute today
hier here
der Hunger (–s) hunger Hunger
   haben to be hungry

in in
jeder, jede, jedes each
die Kommo'de (–n) dresser
das Kopfkissen (–s, –) pillow
die Krawat'te (–n) necktie
die Lampe (–n) lamp
langsam slow(ly)
lernen to learn; to study
liegen (lag, gelegen) to lie; to be
links to (on) the left
mit with
der Morgen (–s, –) morning
müde tired
der Nachttisch (–s, –e) night table
die Nachttischlampe (–n) night-table
   (bed-side) lamp
neben next to, beside
nicht not
noch still, yet
die Person' (–en) person
die Photographie' (–n) photograph
der Radier'gummi (–s, –s) eraser
rechts to (on) the right
sagen to say
der Schlafanzug (–s, ⁀e) pajamas
das Schlafzimmer (–s, –) bedroom
schnell rapid(ly)
schön beautiful, nice
die Schreib'maschi'ne (–n) typewriter
der Schreibtisch (–s, –e) writing desk
die Schublade (–n) drawer
sehen (sieht, sah, gesehen) to see
sehr very
sein (ist, war, ist gewesen) to be es
   sind they are
sitzen (saß, gesessen) to sit
die Socke (–n) sock
spanisch Spanish
der Spiegel (–s, –) mirror
stehen (stand, gestanden) to stand; to
   be
der Student' (–en, –en) student

der **Stuhl** (–es, ⸚e) chair
das **Taschentuch** (–s, ⸚er) handkerchief
der **Teppich** (–s, –e) carpet
das **Tintenfaß** (–fasses, –fässer) ink
  bottle
tippen to type
die **Tischlampe** (–n) desk lamp
über over, above
Uhr o'clock

usw. (und so weiter) etc.
vor in front of
der **Vorhang** (–s, ⸚e) drape
die **Wand** (⸚e) wall
der **Wecker** (–s, –) alarm clock
die **Wolldecke** (–n) woolen blanket
der **Wortschatz** (–es, ⸚e) vocabulary
das **Zimmer** (–s, –) room
zwei two
zwischen between

Gespräch (1-b): PAUL SCHMIDT, HANS WEBER

PAUL: Guten Morgen! Haben Sie gut geschlafen?

HANS: Danke, sehr gut! Ich schlafe immer gut. Ich höre nie **den**
       Wecker.

PAUL: Wer weckt Sie denn?

HANS: Meine Mutter. — Wie spät ist es, bitte?   5

PAUL: Zehn Minuten vor acht.

HANS: Was machen Sie da?

PAUL: Ich lerne ein Gespräch auswendig.

HANS: Haben Sie heute eine Prüfung?

PAUL: Nein, glücklicherweise nicht. — Aber stehen Sie jetzt auf, Sie 10
       Langschläfer!

HANS: Gleich. — Stehen Sie immer so früh auf?

PAUL: Ich stehe jeden Tag um halb sieben auf und arbeite bis **acht**.

HANS: Wann essen Sie Frühstück?

PAUL: Punkt acht Uhr.   15

HANS: Wie lange schlafen Sie denn sonntags?

PAUL: Sonntags schlafe ich lange, meistens bis zehn Uhr.

HANS: Was für Stunden haben Sie heute?

PAUL: Heute ist Freitag, nicht wahr? Dann habe ich **Deutsch**,
       Englisch und Geschichte.   20

HANS: Nur drei Stunden?

PAUL: Das ist gerade genug! — Kommen Sie mit zur Schule?

HANS: Ich möchte gern als Gast in Ihre Deutschstunde mitgehen.

PAUL: Gut! — Was suchen Sie?

HANS: Meine Krawatte.

PAUL: Liegt sie nicht auf der Kommode?

HANS: Richtig, hier ist sie. — Wer ist das hier auf der Photo-
5   graphie?

PAUL: Ein hübsches, liebes Mädchen.

HANS: Aha! Ihre Freundin. Wie heißt sie?

PAUL: Käte Schneider.

HANS: Sie haben guten Geschmack. — So, jetzt bin ich fertig mit
10   Anziehen.

PAUL: Gut, dann essen wir jetzt Frühstück.

HANS: Das ist mir recht. Ich habe Hunger.

WORTSCHATZ (1-b)

aber but

aha' oh; I see

als as

das **Anziehen** dressing

arbeiten to work; to study

auf-stehen (stand auf, ist aufgestanden) to get up

auswendig lernen to memorize

bis until; to

bitte please

da there

danke thank you

dann then

denn: *used in questions for the expression of lively interest or of impatience. Express meaning by the
tone of the voice; denn is not accented.*

(das) **Deutsch** German

die **Deutschstunde** (–n) German class

(das) **Englisch** English

essen (ißt, aß, gegessen) to eat

fertig: ich bin fertig I finished

die **Freundin** (–nen) girl friend

früh early

(das) **Frühstück: Frühstück essen** to
have breakfast

der **Gast** (–es, ⸚e) guest

genug enough

gerade just

gern: ich möchte gern I should like
to

die **Geschichte** history

der **Geschmack** (–s) taste

das **Gespräch** (–s, –e) conversation

gleich right away, immediately

glücklicherweise fortunately

gut good; well

halb half

heißen: Wie heißt sie? What is her
name?

hören to hear

hübsch pretty

Ihr your

immer always

jeder, jede, jedes every

(1) In Pauls Zimmer   7

jetzt now

lange long **Wie lange schlafen Sie?**
How late do you sleep?

der **Langschläfer** (–s, –) late sleeper,
sleepy head

lieb dear; charming

machen to do

das **Mädchen** (–s, –) girl

mein my

meistens mostly; usually

die **Minu'te** (–n) minute

mit-gehen (ging mit, ist mitgegangen) to go along

mit-kommen (kam mit, ist mitgekommen) to come along

mögen (mag, mochte, gemocht) to
like **ich möchte gern** I should like
to

die **Mutter** (ͧ) mother

nein no

nicht wahr? isn't it (true)?

nie never

nur only

die **Prüfung** (–en) examination

der **Punkt** (–es, –e) point **Punkt acht
Uhr** at eight o'clock sharp

recht right **Das ist mir recht.** That's
all right with me.

Richtig! That's right!

schlafen (schläft, schlief, geschlafen)
to sleep

die **Schule** (–n) school

sieben seven **um halb sieben** at half
past six

so so, there

sonntags Sundays

spät late **Wie spät ist es?** What time
is it?

die **Stunde** (–n) hour; class

suchen to look for

der **Tag** (–es, –e) day

um at

vor before

wann when

was what   was für what

wecken to awaken

wer who

wie how

zehn ten

zu to

zur = **zu der**

2   Im Esszimmer

Beschreibung (2-a)

Auf diesem Bild sehen wir das Eßzimmer der Familie Schmidt.
Herr und Frau Schmidt und Paul essen hier immer Frühstück und
Abendbrot. Paul ist oft nicht zum Mittagessen zu Hause; dann essen
die Eltern allein zu Mittag. Jetzt essen Paul und Hans Frühstück.
5 Hans sitzt schon am Tisch, und Paul setzt sich gerade an den Tisch.
Hans sitzt seinem Freund gegenüber. Beide sind sehr hungrig.
Pauls Mutter kommt gerade aus der Küche. Sie hat einen Teller mit
Toast in der Hand.

Der Eßtisch steht in der Mitte des Zimmers. Ein Tischtuch liegt
10 darauf. Neben jedem Teller steht ein Glas Apfelsinensaft; links
liegt eine Gabel und eine Serviette, rechts ein Messer und ein
Teelöffel. Daneben ist eine Tasse auf einer Untertasse. Auf dem
Teller in der Mitte des Tisches sind Spiegeleier mit Speck. Wir sehen
auch eine Kaffeekanne, einen Sahnegießer, eine Zuckerdose, einen
15 Teller mit Butter, einen Salzstreuer und einen Pfefferstreuer.

Die Möbel im Eßzimmer sind modern. An der Wand steht eine
Anrichte. Darauf stehen zwei Leuchter mit je einer Kerze.
Zwischen den Leuchtern steht eine Obstschale; darin sind Äpfel,
Birnen, Bananen und Apfelsinen.
20 Links ist ein Fenster. Es ist offen. Durch das Fenster kommt
Luft in das Zimmer. Am Fenster hängen Gardinen. Unter dem
Fenster ist ein Heizkörper. Im Winter wärmt er das Zimmer. Im
Hintergrund steht ein Tisch; darauf steht eine Vase mit Blumen aus
dem Garten. Über dem Tisch hängt ein Ölgemälde. Die Tür
25 daneben führt in das Wohnzimmer; sie ist jetzt zu.

WORTSCHATZ (2-a)

das **Abendbrot** (–s) evening meal
  (dinner)

allein' alone

die **Anrichte** (–n) sideboard

der **Apfel** (–s, ⸚) apple
die **Apfelsi′ne** (–n) orange
der **Apfelsi′nensaft** (–s) orange juice
aus out of, from
die **Bana′ne** (-n) banana
beide both
die **Birne** (·-n) pear
die **Blume** (–n) flower
die **Butter** butter
dane′ben next to it
dieser, diese, dieses this
durch through
die **Eltern** (*pl.*) parents
essen (ißt, aß, gegessen) to eat
  Abendbrot essen to have the evening meal (dinner)
der **Eßtisch** (–s, –e) dining table
das **Eßzimmer** (–s, –) dining room
die **Fami′liĕ** (–n) family
das **Fenster** (–s, –) window
die **Frau** (–en) woman; Mrs.
führen to lead
die **Gabel** (–n) fork
die **Gardi′ne** (–n) curtain
der **Garten** (–s, ⸚) garden
gegenü′ber opposite
das **Glas** (–es, ⸚er) glass
das **Haus** (–es, ⸚er) house   **zu Hause**
  at home
der **Heizkörper** (–s, –) radiator
der **Herr** (–n, –en) gentleman; Mr.
der **Hintergrund** (–s) background
hungrig hungry
je each, apiece
die **Kaffeekanne** (–n) coffee pot
die **Kerze** (–n) candle
kommen (kam, ist gekommen) to
  come
die **Küche** (–n) kitchen

der **Leuchter** (–s, –) candlestick
die **Luft** air
das **Messer** (–s, –) knife
der **Mittag** noon   **zu Mittag essen** to
  have lunch
das **Mittagessen** lunch   **zum Mittagessen** for lunch
die **Mitte** middle
die **Möbel** (*pl.*) furniture
modern′ modern
die **Obstschale** (–n) fruit bowl
offen open
oft often
das **Ölgemälde** (–s, –) oil painting
der **Pfefferstreuer** (–s, –) pepper
  shaker
der **Sahnegießer** (–s, –) cream pitcher
der **Salzstreuer** (–s, –) salt shaker
schon already
die **Serviĕt′te** (–n) napkin
sich setzen to sit down
der **Speck** (–s) bacon
das **Spiegelei** (–s, –er) fried egg
die **Tasse** (–n) cup
der **Teelöffel** (–s, –) teaspoon
der **Teller** (–s, –) plate
der **Tisch** (–es, –e) table
das **Tischtuch** (–s, ⸚er) tablecloth
der **Toast** (–es) (*pron. as in English*)
  toast
die **Tür** (–en) door
unter under, below
die **Untertasse** (–n) saucer
die **Vase** (–n) vase
wärmen to warm, heat
der **Winter** (–s, –) winter
das **Wohnzimmer** (–s, –) living room
die **Zuckerdose** (–n) sugar bowl
zu-sein (ist) to be closed

Gespräch (2-b): PAUL SCHMIDT, HANS WEBER

PAUL: Setzen Sie sich, und langen Sie zu!

HANS: Danke, das werde ich tun.

PAUL: Heute gibt es Apfelsinensaft.

HANS: Der schmeckt gut.

5 PAUL: Möchten Sie lieber Obst? Nehmen Sie sich etwas aus der Obstschale auf der Anrichte!

HANS: Nein, danke. Ich trinke Apfelsinensaft sehr gern.

PAUL: Meine Mutter bringt gleich Toast.

HANS: Mir gefällt das Ölgemälde dort.

10 PAUL: Mir auch. Wir haben es erst seit einer Woche.

HANS: Es ist sehr schön.

PAUL: Möchten Sie Kaffee oder Milch?

HANS: Kaffee, bitte! Hm! Der Kaffee riecht gut.

PAUL: Hier ist Sahne und Zucker.

15 HANS: Nur Sahne, bitte, keinen Zucker.

PAUL: Na, ich nehme beides.

HANS: Sind die Blumen dort aus Ihrem Garten?

PAUL: Ja. Meine Mutter holt jeden Morgen frische Blumen aus dem Garten.

20 HANS: Darf ich mir ein Spiegelei nehmen?

PAUL: Aber bitte, und vergessen Sie nicht den Speck!

HANS: Spiegelei und Speck esse ich sehr gern.

PAUL: Hier ist auch Marmelade und Honig zum Brot.

HANS: Ich werde mir etwas Erdbeermarmelade nehmen.

25 PAUL: Noch eine Tasse Kaffee?

HANS: Bitte. Ihre Mutter ist eine ausgezeichnete Köchin.

PAUL: Mein Vater und ich sind ganz Ihrer Meinung.

HANS: Meine Mutter kocht auch sehr gut.

PAUL: Möchten Sie nicht noch ein Spiegelei und eine Schnitte Brot?

30 HANS: O nein! Ich habe schon zu viel gegessen.

PAUL: Der Vormittag ist lang. Wir essen erst halb eins zu Mittag.

HANS: So? Na, dann nehme ich mir noch eine Schnitte Brot mit Butter und Honig.

WORTSCHATZ (2-b)

auch too
ausgezeichnet excellent, wonderful
beides both
bitte: Aber bitte! Please do!
bringen (brachte, gebracht) to bring
das **Brot** (–es, –e) bread
dort there
dürfen (darf, durfte, gedurft) may, be
  allowed
eins one   **halb eins** half past twelve
die **Erd'beermarmela'de** strawberry
  jam
erst first   **Wir haben es erst seit einer
  Woche.** We have had it only a week.
  erst halb eins not until half past
  twelve
etwas something, some
frisch fresh
ganz entirely
geben (gibt, gab, gegeben) to give
  es gibt we have
gefallen (gefällt, gefiel, gefallen) to
  please   **mir gefällt** I like
gern: ich ... sehr gern I like to ...
  very much
holen to get
der **Honig** (–s) honey
ja yes
der **Kaffee** (–s) coffee
kein no
kochen to cook
die **Köchin** (–nen) cook
lang long

lieber (*comp. of* **gern**) rather
die **Marmela'de** (–n) jam
die **Meinung** (–en) opinion
die **Milch** milk
mögen: Möchten Sie ... ? Would
  you like ... ? **Möchten Sie lieber ... ?** Would you rather have
  ... ?
Na Well
sich (*dat.*) **nehmen** (nimmt, nahm,
  genommen) to take
noch ein another
das **Obst** (–es) fruit
oder or
riechen (roch, gerochen) to smell
die **Sahne** cream
schmecken to taste
die **Schnitte** (–n) slice
seit since; for
So? Is that so?
trinken (trank, getrunken) to drink
tun (tat, getan) to do
der **Vater** (–s, ⸚) father
vergessen (vergißt, vergaß, vergessen)
  to forget
viel much
der **Vormittag** (–s, –e) morning, forenoon
die **Woche** (–n) week
zu too
der **Zucker** (–s) sugar
zu-langen to help oneself

3   Im Wohnzimmer

Beschreibung (3-a)

Nach dem Frühstück stehen Paul und Hans vom Tisch auf. Paul öffnet die Tür zum Wohnzimmer. Beide treten ins Zimmer. Jetzt sitzt Hans auf dem Sofa und sieht sich ein Buch an. Paul steht am Rauchtisch; er hat ein Päckchen Zigaretten in der Hand und bietet
5 seinem Freund eine Zigarette an. Auf dem Rauchtisch ist eine Schachtel Streichhölzer und ein Aschenbecher.

Das Wohnzimmer sieht sehr gemütlich aus. Das Sofa ist groß und bequem. Herr Schmidt sitzt in einem Sessel, liest die Zeitung und raucht seine Pfeife. Auf dem Kamin steht eine Vase mit Blumen
10 und daneben eine Uhr. Die Blumen sind aus dem Garten. Im Winter sitzt Paul gern am Kamin vor dem Feuer und liest ein Buch.

Neben dem Kamin steht noch ein Sessel; er ist sehr bequem. Hinter dem Sessel ist eine Stehlampe. Frau Schmidt steht jetzt am Radioapparat. Sie stellt gerade das Radio an. Sie hört dem Nach-
15 richtendienst und dem Wetterbericht zu. Abends hören Herr und Frau Schmidt gewöhnlich den Radioprogrammen zu. Paul ist meistens in seinem Zimmer und macht seine Schularbeiten. Unten im Apparat ist ein Grammophon. Paul hat viele Schallplatten. Er hat Tanzmusik am liebsten. Seine Eltern hören lieber klassische
20 Musik. Die ganze Familie ist musikalisch. Frau Schmidt singt sehr schön. Herr Schmidt spielt sehr gut Klavier, und Paul spielt ganz gut Saxophon. Er spielt nur nach Gehör, aber Herr Schmidt spielt Klavier nach Noten. Ein Flügel steht rechts im Vordergrund. Hans Weber ist ganz unmusikalisch.

WORTSCHATZ (3-a)

abends in the evening
ar-bieten (bot an, angeboten) to offer

sich (*dat.*) **an-sehen** to look at, take a look at

an-stellen to turn on
der Apparat' (–s, –e) radio (set)
der Aschenbecher (–s, –) ash tray
aus-sehen to look
bequem comfortable
das Feuer (–s, –) fire
der Flügel (–s, –) grand piano
ganz (*adj.*) entire
ganz (*adv.*) quite ganz gut pretty
  well
das Gehör (–s) hearing nach Gehör
  by ear
gemütlich comfortable, cozy
gewöhnlich usually
das Grammophon' (–s, –e) phonograph
hinter behind
der Kamin' (–s, –e) fireplace
klassisch classical
das Klavier' (–s, –e) piano
lesen (liest, las, gelesen) to read
lieber (*comp. of* gern): lieber hören
  to prefer to hear
liebst- (*sup. of* gern): am liebsten
  haben to like best
die Musik' music
musika'lisch musically inclined
nach after nach Gehör by ear nach
  Noten from notes
der Nachrichtendienst (–es, –e) news
  broadcast
die Noten (*pl.*) music nach Noten
  from notes
öffnen to open

das Päckchen (–s, –) small package;
  pack
die Pfeife (–n) pipe
das Radio (–s, –s) radio
der Ra'dioapparat' (–s, –e) radio (set)
das Ra'dioprogramm' (–s, –e) radio
  program
rauchen to smoke
der Rauchtisch (–s, –e) smoking table
das Saxophon' (–s, –e) saxophone
die Schachtel (–n) (cardboard) box
die Schallplatte (–n) record
die Schularbeit (–en) homework
der Sessel (–s, –) easy chair, armchair
singen (sang, gesungen) to sing
das Sofa (–s, –s) davenport, sofa
spielen to play
die Stehlampe (–n) floor lamp
das Streichholz (–es, ᴗer) match
die Tanz'musik' dance music
treten (tritt, trat, ist getreten) to step,
  go
die Uhr (–en) clock
un'musika'lisch not musically inclined
unten below
viele many
von of; from
der Vordergrund (–s) foreground
der Wetterbericht (–s, –e) weather report
die Zeitung (–en) newspaper
die Zigaret'te (–n) cigarette
zu-hören to listen to
zum = zu dem

Gespräch (3-b): PAUL SCHMIDT, HANS WEBER

PAUL: Setzen Sie sich aufs Sofa! Es ist sehr bequem.
HANS: Haben wir Zeit, eine Zigarette zu rauchen?

PAUL: Gewiß. Hier ist ein Päckchen Zigaretten. Haben Sie Streichhölzer?

HANS: Ja. Rauchen Sie nicht?

PAUL: Nicht jetzt; vielleicht später. Hier ist ein Aschenbecher.

5 HANS: Ich sehe, Sie haben einen Flügel. Spielen Sie Klavier?

PAUL: Nur ein wenig. Ich spiele Saxophon; aber mein Vater spielt sehr gut Klavier.

HANS: Spielen Sie nach Noten?

PAUL: Nein, nur nach Gehör. Ich habe nie Klavierstunden gehabt.

10 HANS: In unserer Familie ist niemand musikalisch. Wir haben kein Klavier nur einen Fernsehapparat.

PAUL: Aber Sie haben doch ein Radio.

HANS: O ja! Sogar eins mit einem Grammophon.

PAUL: Unserer hat auch eins. Haben Sie viele Schallplatten?

15 HANS: Nicht so sehr viele. Manchmal kaufe ich mir eine neue Platte. Ich höre klassische Musik am liebsten.

PAUL: So? Ich ziehe Tanzmusik vor.

HANS: Darf ich mir das Buch hier mal ansehen?

PAUL: Aber bitte! Das ist das College-Jahrbuch.

20 HANS: Das ist ja ein sehr interessantes Buch.

PAUL: Einige von diesen Studenten werden Sie heute auf dem Campus sehen.

HANS: Sie scheinen ja sehr viele hübsche Mädchen in Ihrem College zu haben.

25 PAUL: Natürlich!

HANS: Ich glaube, es wird mir hier gefallen.

PAUL: Vielleicht kann ich Sie einem netten Mädchen vorstellen.

HANS: Mir gefallen Mädchen, die gut tanzen, gut Tennis spielen und klug sind.

30 PAUL: Sonst noch was?

HANS: Ja, sie müssen natürlich auch hübsch sein. — Müssen wir nicht bald gehen?

PAUL: Richtig. Entschuldigen Sie mich bitte einen Augenblick! Ich hole meine Bücher.

(3) Im Wohnzimmer

WORTSCHATZ (3-b)

der **Augenblick** (–s, –e) moment
bald soon
der **Campus** (–ses, –se) (*pron. as in Latin*) campus
das **College-Jahrbuch** (–s, ⁻er) college yearbook
doch surely
einige some
entschuldigen to excuse **Entschuldigen Sie mich bitte einen Augenblick!** Please excuse me a moment!
der **Fern'sehapparat'** (–es, –e) television (set)
gefallen (gefällt, gefiel, gefallen) to please **es wird mir gefallen** I am going to like it **mir gefallen** I like
gehen (ging, ist gegangen) to go
gewiß certainly
glauben to believe
interessant' interesting
ja (*unstressed*): *Start sentence with* Why *or do not translate.*
kaufen to buy
die **Klavier'stunde** (–n) piano lesson
klug smart, intelligent
können (kann, konnte, gekonnt) can, be able to

liebst-: am liebsten hören to like to hear best of all
mal: *the shortened form of* **einmal** *Do not translate.*
manchmal sometimes, now and then
müssen (muß, mußte, gemußt) must, have to
natür'lich of course
nett nice
neu new
niemand nobody, no one
O ja! Yes, indeed!
die **Platte** (–n) record
scheinen (schien, geschienen) to seem
sogar' even
sonst else **Sonst noch was?** Anything else?
später (*comp. of* **spät**) later
tanzen to dance
(das) **Tennis** (–) tennis
unser our
vielleicht' perhaps, maybe
vor-stellen to introduce
vor-ziehen (zog vor, vorgezogen) to prefer
wenig little
die **Zeit** (–en) time

Vor dem Hause

Beschreibung (4-a)

Unsere Freunde sind jetzt auf dem Weg zur Schule. Paul macht die Haustür zu. Er hat seine Schulbücher unter dem Arm. Hans steht schon auf dem Bürgersteig und wartet auf seinen Freund. Der Briefträger kommt um die Ecke. Er bringt die Post, nämlich Briefe,
5 Postkarten und Drucksachen. Pauls Hund sieht den Briefträger und bellt. Der kleine Hund heißt Prinz.

Das Haus der Familie Schmidt liegt im Wohnviertel, nicht im Geschäftsviertel der Stadt. Es ist ein Einfamilienhaus und steht in der Goethestraße; die Hausnummer ist 1231 (zwölfhunderteinund-
10 dreißig). Paul wohnt also Goethestraße 1231. Er wohnt schon seit neunzehn Jahren in dieser Stadt. Es ist seine Geburtsstadt. Die Einwohnerzahl beträgt jetzt ungefähr 65 000 (fünfundsechzigtausend).

Das Haus hat zwei Stockwerke. Im Erdgeschoß befindet sich das Wohnzimmer, das Eßzimmer und die Küche. Unter dem Erdge-
15 schoß ist der Keller. Im ersten Stock befindet sich das Schlafzimmer der Eltern, Pauls Zimmer, ein Fremdenzimmer und zwei Badezimmer. Das Haus hat ein steiles Dach und einen Schornstein.

Draußen am Haus ist eine schöne Terrasse mit einem Liegestuhl. Vorn am Hause sehen wir die Haustür mit der Klingel und dem
20 Briefkasten. Der Briefträger steckt die Post in den Briefkasten und klingelt. Im Erdgeschoß sind zwei und im ersten Stock drei Fenster. Jedes Fenster hat zwei grüne Fensterladen. Rechts am Haus ist die Garage, und daneben liegt ein Nachbarhaus. Die Garagentür ist offen, und ein Auto steht auf der Auffahrt. Es gehört Herrn Schmidt.
25 Vor dem Haus ist ein Rasenplatz mit schönen Sträuchern und einem hohen Baum.

1231

WORTSCHATZ (4-a)

also therefore
der Arm (–es, –e) arm
die Auffahrt (–en) driveway
das Auto (–s, –s) automobile, car
das Badezimmer (–s, –) bathroom
der Baum (–es, *x*e) tree
sich befinden (befand, befunden) to be
bellen to bark
betragen (beträgt, betrug, betragen) to amount to
der Brief (–es, –e) letter
der Briefkasten (–s, *x*) mailbox
der Briefträger (–s, –) mailman
der Bürgersteig (–s, –e) sidewalk
das Dach (–es, *x*er) roof
draußen outside
die Drucksache (–n) (piece of) printed matter
das Ein'fami'liĕnhaus (–es, *x*er) private home (one-family house)
die Einwohnerzahl (total) population
das Erdgeschoß (–schosses, –schosse) first floor
erst- first **im ersten Stock** on the second floor
der Fensterladen (–s, –) shutter
das Fremdenzimmer (–s, –) guest room
die Gara'ge (–n) garage
die Gara'gentür (–en) garage door
die Geburtsstadt (*x*e) native town
gehören to belong to
das Geschäftsviertel (–s, –) business district
(die) Goethestraße Goethe Street
grün green
die Hausnummer (–n) house number

die Haustür (–en) front door
hoch (*when followed by* e *of the inflected cases,* ch *becomes* h) high; tall
der Hund (–es, –e) dog
das Jahr (–es, –e) year
der Keller (–s, –) cellar
klein small
die Klingel (–n) (door) bell
klingeln to ring the bell
der Liegestuhl (–s, *x*e) chaise longue
das Nachbarhaus (–es, *x*er) neighbor's house
nämlich namely
neunzehn nineteen
die Post mail
die Postkarte (–n) postal card
der Rasenplatz (–es, *x*e) lawn
schon already **Er wohnt schon seit ...** He has been living for ...
der Schornstein (–s, –e) chimney
das Schulbuch (–s, *x*er) schoolbook
die Stadt (*x*e) city
stecken to put
steil steep
der Stock (–es, *pl.* Stockwerke) floor
das Stockwerk (–s, –e) floor
der Strauch (–es, *x*er) shrub, bush
die Terras'se (–n) terrace
um around
ungefähr about
vorn in front
warten (auf) to wait (for)
der Weg (–es, –e) way
wohnen to live
das Wohnviertel (–s, –) residential district
zu-machen to close

Gespräch (4-b): PAUL SCHMIDT, HANS WEBER

HANS: Ist das Ihr Hund?

PAUL: Ja, er gehört mir. Er heißt Prinz. Haben Sie auch einen Hund?

HANS: Nein, aber eine schwarze Katze.

5 PAUL: Ich bin kein Freund von Katzen.

HANS: Ich auch nicht, aber meine Schwester hat sie sehr gern.

PAUL: Wie alt ist Ihre Schwester?

HANS: Sie ist vierzehn Jahre alt.

PAUL: Haben Sie noch mehr Geschwister?

10 HANS: Ja, einen Bruder. Er ist der älteste von uns Kindern.

PAUL: Wie heißt er mit Vornamen?

HANS: Sein Vorname ist Walter, aber wir nennen ihn Wally.

PAUL: Ist er so groß wie Sie?

HANS: Nein, er ist etwas kleiner als ich.

15 PAUL: Was ist Ihr Bruder? Lehrer?

HANS: Nein. Er will Zahnarzt werden.

PAUL: Ist er schon verheiratet?

HANS: Nein, aber er ist verlobt.

PAUL: Wie gefällt Ihnen unser Haus?

20 HANS: Sehr gut. Ich wohne in einem Mietshaus.

PAUL: Wieviel Stockwerke hat das Mietshaus?

HANS: Drei. Wir wohnen im zweiten Stock.

PAUL: Was für ein Auto haben Sie?

HANS: Wir haben zwei Wagen. Mein Vater hat einen Dodge und

25   mein Bruder einen Buick-Zweisitzer.

PAUL: Sie haben zwei Wagen? Wir haben nur einen.

HANS: In welcher Richtung liegt das College?

PAUL: Nördlich von hier.

HANS: Der Bahnhof liegt westlich von hier, nicht wahr?

30 PAUL: Ja, Sie haben recht.

HANS: Hier kommt der Briefträger.

PAUL: Hoffentlich hat er Post für mich.

HANS: Warten Sie auf Post von Ihrer Freundin?

PAUL: Nein, sie schreibt mir nie. Aber ich habe gestern einen Brief
      bekommen.
HANS: Standen gute Nachrichten darin?
PAUL: Sehr gute. Meine Großmutter schickte mir zehn Dollar.
HANS: Was Sie nicht sagen!   5
PAUL: Das war eine angenehme Überraschung.
HANS: Sie Glückspilz!

WORTSCHATZ (4-b)

als (*after comp.*) than
alt (älter, ältest-) old
angenehm pleasant
auch also Ich auch nicht. Neither
   am I.
der **Bahnhof** (–s, ⸚e) railroad station
bekommen (bekam, bekommen) to
   receive, get
der **Bruder** (–s, ⸚) brother
der **Dollar** (–s, –) dollar
etwas a little
für for
gefallen: Wie gefällt Ihnen ...?
   How do you like ... ?
gern haben to like
die **Geschwister** (*pl.*) sisters and
   brothers
gestern yesterday
der **Glückspilz** (–es, –e) lucky fellow
groß tall
die **Großmutter** (⸚) grandmother
hoffentlich I hope
die **Katze** (–n) cat
das **Kind** (–es, –er) child
der **Lehrer** (–s, –) teacher
mehr more
das **Mietshaus** (–es, ⸚er) apartment
   house
die **Nachricht** (–en) news
nennen (nannte, genannt) to call
nördlich (to the) north

recht haben to be right
die **Richtung** (–en) direction
sagen to say **Was Sie nicht sagen!**
   You don't say!
schicken to send
schreiben (schrieb, geschrieben) **to
   write**
schwarz black
die **Schwester** (–n) sister
so ... wie as ... as
stehen to be (*in the sense of stand
   written*)
die **Überra'schung** (–en) surprise
verheiratet sein to be married
verlobt sein to be engaged
vierzehn fourteen
der **Vorname** (–ns, –n) first name
der **Wagen** (–s, –) car
was für ein what kind of
welcher, welche, welches which, what
werden (wird, wurde, ist geworden)
   to become, get; to be
westlich (to the) west
wie as; how **so ... wie** as ... as
   Wie heißt er mit Vornamen? What
   is his first name?
wieviel' how many
wollen (will, wollte, gewollt) to want
   to
der **Zahnarzt** (–es, ⸚e) dentist
der **Zweisitzer** (–s, –) coupé
zweit- second

5 An der Strassenkreuzung

Beschreibung (5-a)

Unsere Freunde sind jetzt an einer Straßenkreuzung. Sie warten an der Ecke auf den Omnibus. Pauls Freundin, Fräulein Schneider, ist auch schon da. Sie fährt fast jeden Morgen mit Paul zur Schule. Paul steckt einen Brief an seine Großmutter in den Briefkasten.
5 Hans spricht mit Fräulein Schneider. Ein Mann geht über die Straße; er geht wahrscheinlich ins Geschäft. Ein Radfahrer biegt um die Ecke. Eine Frau hat ein Kind an der Hand und wartet auf das grüne Licht. Sie geht wahrscheinlich einkaufen.

An einer Straßenkreuzung in der Stadt ist immer viel Verkehr.
10 Alle Fahrzeuge müssen auf der rechten Seite des Fahrdammes fahren. Fußgänger dürfen nur auf dem Bürgersteig gehen. An einer verkehrsreichen Straßenkreuzung sind gewöhnlich Verkehrslichter mit je einem grünen, gelben und roten Licht. Bei grünem Licht dürfen die Fußgänger und die Fahrzeuge die Straße kreuzen.
15 Auf unserem Bild sehen wir verschiedene Verkehrsmittel. Es sind eine Straßenbahn, eine Taxe, ein Fahrrad, ein Lastauto und ein Omnibus. Im Hintergrund sehen wir auch die Hochbahn. Ein Zug fährt gerade über die Überführung.

Wir können auch ein Mietshaus und verschiedene Läden sehen.
20 Links ist z.B. (zum Beispiel) ein Blumenladen. Um die Ecke ist ein Lebensmittelgeschäft. Hier kann man u.a. (unter anderem) Kaffee, Tee, Mehl, Zucker u.dgl. (und dergleichen) kaufen. Gegenüber liegt eine Drogerie, ein Zigarrenladen und eine Bäckerei. Hier kann man Schwarz- und Weißbrot und Kuchen kaufen.

WORTSCHATZ (5-a)

alle all
die **Bäckerei'** (–en) bakery

bei by, near, at, with, on
biegen (bog, ist gebogen) to turn

26

der **Blumenladen** (–s, ⸚) flower shop
die **Drogerie'** (–n) drugstore
einkaufen gehen (ist) to go shopping
der **Fahrdamm** (–s, ⸚e) street (*part of the street reserved for vehicles*)
fahren (fährt, fuhr, ist gefahren) to drive; to go   **auf der rechten Seite fahren** to keep to the right   **fahren über** to go across
das **Fahrrad** (–s, ⸚er) bicycle
das **Fahrzeug** (–s, –e) vehicle
fast almost
das **Fräulein** (–s, –) young lady; Miss
der **Fußgänger** (–s, –) pedestrian
gehen to go, walk
gelb yellow
das **Geschäft** (–s, –e) business; office
die **Hochbahn** (–en) elevated (railway)
kreuzen to cross
der **Kuchen** (–s, –) cake
der **Laden** (–s, ⸚) store, shop
das **Lastauto** (–s, –s) truck
das **Lebensmittelgeschäft** (–s, –e) grocery
das **Licht** (–es, –er) light
man one
der **Mann** (–es, ⸚er) man
das **Mehl** (–s) flour
der **Omnibus** (–ses, –se) omnibus, bus

der **Radfahrer** (–s, –) bicyclist
recht- right
rot red
das **Schwarzbrot** (–s, –e) rye bread
die **Seite** (–n) side
sprechen (spricht, sprach, gesprochen) to speak, talk
die **Straße** (–n) street
die **Straßenbahn** (–en) streetcar
die **Straßenkreuzung** (–en) street crossing
die **Taxe** (–n) taxicab
der **Tee** (–s) tea
u.a. (**unter anderem**) among other things
über across
die **Überfüh'rung** (–en) viaduct
u.dgl. (**und dergleichen**) and the like
der **Verkehr** (–s) traffic
das **Verkehrslicht** (–s, –er) traffic light
das **Verkehrsmittel** (–s, –) means of transportation
verkehrsreich with heavy traffic, busy
verschieden various
wahrschein'lich probably
das **Weißbrot** (–s, –e) white bread
z.B. (**zum Beispiel**) for example
der **Zigar'renladen** (–s, ⸚) cigar store
der **Zug** (–es, ⸚e) train

Gespräch (5-b): PAUL SCHMIDT, HANS WEBER, KÄTE SCHNEIDER

PAUL: Ach, wie schade!   Wir haben gerade den Omnibus verpaßt.
HANS: Wie oft verkehrt der Omnibus hier?
PAUL: Alle fünf Minuten.   An der Ecke dort ist die Haltestelle.
HANS: Wie lange dauert die Fahrt bis zum College?
PAUL: Ungefähr fünfzehn Minuten.   5
HANS: Sehen Sie das Mädchen da drüben?   Sie ist hübsch.

PAUL: Das ist Fräulein Schneider. Sie hat auch den Omnibus verpaßt.

HANS: Woher wissen Sie das?

PAUL: Wir treffen uns jeden Morgen hier und fahren zusammen
5   zur Schule.

HANS: Ach so! Wollen Sie mich ihr nicht vorstellen?

PAUL: Natürlich! Haben Sie nur eine Minute Geduld! — Halt!
Wir dürfen noch nicht über die Straße gehen.

HANS: Kennen Sie Fräulein Schneider schon lange, oder ist sie eine
10   neue Bekanntschaft?

PAUL: Ich habe sie in der High School kennengelernt.

HANS: Aha! Eine richtige Jugendliebe!

PAUL: Guten Morgen, Fräulein Schneider! Wie geht's?

KÄTE: Danke, gut. Und Ihnen?

15 PAUL: Danke, auch gut. Darf ich bekannt machen? Herr Weber,
Fräulein Schneider.

HANS: Sehr angenehm.

PAUL: Mein Freund ist bei mir zu Besuch.

KÄTE: Ach, wie nett. Kommen Sie mit zur Schule?

20 HANS: Ja, ich möchte eine Deutschstunde besuchen und mir den
Campus ansehen.

PAUL: Entschuldigen Sie mich bitte einen Augenblick. Ich muß
einen Brief in den Briefkasten stecken.

HANS: Wie lange gehen Sie schon aufs College, Fräulein Schneider?

25 KÄTE: Es ist mein erstes Jahr.

HANS: Sie sprechen ausgezeichnet Deutsch.

KÄTE: Ich verstehe es besser, als ich es spreche.

HANS: Wie lange lernen Sie schon Deutsch?

KÄTE: Seit vier Jahren. Ich habe es in der High School gelernt.

30 HANS: Sprechen Sie zu Hause Deutsch?

KÄTE: Nur mit meiner Mutter; mein Vater spricht nur Englisch.

PAUL: Hier kommt der Omnibus. Kommen Sie, meine Herrschaften!

HANS: Steigen Sie ein, Fräulein Schneider!

PAUL: Bitte, Herr Weber.
HANS: Nein, nein; nach Ihnen.

WORTSCHATZ (5-b)

ach oh **Ach so!** Oh, I see.
alle every
angenehm pleasant **Sehr angenehm.**
  How do you do?
bekannt machen to introduce
die Bekanntschaft (–en) acquaintance
besser (*comp. of* **gut**) better
der Besuch visit **Mein Freund ist bei
  mir zu Besuch.** My friend is visiting me.
besuchen to visit
bis: *joined with a preposition to give
  it additional force. Do not translate.*
dauern to last; to take
drüben: **da drüben** over there (**da** *is
  used for emphasis*)
ein-steigen (**stieg ein, ist eingestiegen**)
  to get in
die Fahrt (–en) trip
fünf five
fünfzehn fifteen
die Geduld patience
gehen to go **Wie geht's?** How are
  you? **Und Ihnen?** (**Und wie geht
  es Ihnen?**) And how are you? **Wie
  lange gehen Sie schon aufs College?**
  What year are you in?
Halt! Stop!

die Haltestelle (–n) (bus) stop
Herrschaft: **meine Herrschaften** ladies and gentlemen
die Jugendliebe (–n) first love
kennen (**kannte, gekannt**) to know
  Kennen Sie . . . schon lange? Have
  you known . . . for a long time?
kennen-lernen to become acquainted
  with, meet
lange (*adv.*) long
lernen to learn; to study **Wie lange
  lernen Sie schon Deutsch?** How
  long have you been studying German?
neu new; recent
nur just
richtig real
schade: **wie schade** what a pity
(sich) treffen (**trifft, traf, getroffen**)
  to meet
verkehren *here:* to run
verpassen to miss
verstehen (**verstand, verstanden**) to
  understand
vier four
wissen (**weiß, wußte, gewußt**) to
  know
woher' from where; how
zusam'men together

6   Auf dem Campus

Beschreibung (6-a)

Jetzt sind wir auf dem Campus. Dieses College ist eins der besten im Lande. Mehr als viertausend Studenten und Studentinnen gehen hier zur Schule. Sie sind siebzehn bis einundzwanzig oder zweiundzwanzig Jahre alt.

5   Im Vordergrund sehen wir unsere Freunde. Fräulein Schneider stellt gerade die Herren ihrer Freundin, Fräulein Fischer, vor. Jetzt gehen sie weiter. Fräulein Schneider verabschiedet sich und geht in das große Gebäude links. Hier befindet sich die englische Abteilung. Die englische Abteilung ist die größte, denn alle Studenten
10   müssen in ihrem ersten Jahr Englisch belegen. Fräulein Schneider hat jetzt Englisch. Auch Fräulein Fischer muß sich verabschieden; sie geht in das Gebäude rechts. Hier hat sie Philosophie. In diesem Gebäude wird auch Geschichte, Volkswirtschaft und Psychologie gelehrt.

15   Hans und Paul gehen weiter. Sie müssen sich beeilen. Es ist schon spät. Die Deutschstunde wird gleich beginnen. Sie gehen an dem Gebäude mit dem Turm und der Uhr vorbei. Es ist das Verwaltungsgebäude. Hier ist das Sekretariat; auch der Präsident und der Dekan haben ihre Amtszimmer hier. Hans und Paul gehen
20   links an dem Verwaltungsgebäude vorbei. Paul zeigt seinem Freund die Bibliothek. Jetzt treten sie in ein modernes Gebäude ein. Wir können nur einen Teil davon auf unserem Bilde sehen. Hier werden Fremdsprachen gelehrt. Die alten Sprachen, Griechisch und Latein, werden im Erdgeschoß gelehrt. Die neueren Sprachen werden im
25   ersten und zweiten Stock gelehrt; Deutsch im ersten Stock, Französisch, Italienisch und Spanisch im zweiten.

WORTSCHATZ (6-a)

die **Abtei'lung** (–en) department
alt old, ancient **die alten Sprachen** the classical languages
das **Amtszimmer** (–s, –) office
sich **beeilen** to hurry
beginnen (begann, begonnen) to begin
belegen to take (*a subject*)
best- (*sup. of* **gut**) best
die **Bibliothek'** (–en) library
der **Dekan'** (–s, –e) dean
denn for
ein-treten (tritt ein, trat ein, ist eingetreten) to enter
einundzwanzig twenty-one
(das) **Franzö'sisch** French
die **Fremdsprache** (–n) foreign language
das **Gebäude** (–s, –) building
(das) **Griechisch** Greek
größt- (*sup. of* **groß**) largest
ihr her
(das) **Italiē'nisch** Italian
das **Land** (–es, ⱖer) country

(das) **Latein'** Latin
lehren to teach   **wird gelehrt is taught**
neu new **die neueren Sprachen** the modern languages
(die) **Philosophie'** philosophy
der **Präsident'** (–en, –en) president
(die) **Psychologie'** psychology
das **Sekretariat'** (–s, –e) registrar's office
siebzehn seventeen
(das) **Spanisch** Spanish
die **Sprache** (–n) language
die **Studen'tin** (–nen) (girl) student
der **Teil** (–es, –e) part
der **Turm** (–es, ⱖe) tower
sich **verabschieden** to say good-by
das **Verwaltungsgebäude** (–s, –) administration building
viertausend four thousand
(die) **Volkswirtschaft** economics
vorbei-gehen (ist) to pass by
weiter-gehen (ist) to walk on
zeigen to show
zweiundzwanzig twenty-two

Gespräch (6-b): PAUL SCHMIDT, HANS WEBER, KÄTE SCHNEIDER, RITA FISCHER

KÄTE: Wie gefällt Ihnen der Campus?

HANS: Sehr gut. Sie haben schöne Gebäude hier.

PAUL: Gleich links liegt das Gebäude der englischen Abteilung.

HANS: Kennen Sie die junge Dame da drüben?

PAUL: Nein. Sie, Fräulein Schneider?   5

KÄTE: Ja, sie ist eine Freundin von mir.

HANS: Würden Sie mich ihr bitte vorstellen?

KÄTE: Aber gerne! — Fräulein Fischer, haben Sie einen Augenblick Zeit?

RITA: Ja, ich habe es nicht eilig.

KÄTE: Ich möchte Ihnen gerne Herrn Weber vorstellen. **Herr**
5   Weber, Fräulein Fischer.

HANS: Sehr angenehm, gnädiges Fräulein!

KÄTE: Herr Weber ist bei Herrn Schmidt zu Besuch.

PAUL: Wollen Sie mich nicht auch bitte vorstellen?

KÄTE: Aber natürlich! Entschuldigen Sie bitte! Herr Schmidt,
10   Fräulein Fischer.

RITA: Wie lange sind Sie schon hier, Herr Weber?

HANS: Ich bin erst gestern abend angekommen.

PAUL: Ich glaube, wir müssen jetzt weitergehen, sonst kommen wir zu spät zur Stunde.

15 **KÄTE:** Ich muß mich hier verabschieden.

PAUL: Wir treffen uns doch zum Mittagessen im Studentenheim?

KÄTE: Ja, wie gewöhnlich. Auf Wiedersehen!

HANS: Wo essen Sie zu Mittag, Fräulein Fischer?

RITA: Ich esse gewöhnlich in meinem Verbindungshaus.

20 **HANS:** Gnädiges Fräulein, würden Sie …

PAUL: Wir müssen uns aber jetzt wirklich beeilen.

RITA: Ich auch. Auf Wiedersehen, meine Herren!

HANS: Wo wollen Sie denn hin?

RITA: Ich habe Philosophie in diesem Gebäude hier.

25 **PAUL:** Auf Wiedersehen, Fräulein Fischer! Kommen Sie, Herr Weber!

HANS: Auf Wiedersehen!! Warum haben Sie es denn so eilig?

PAUL: Ich will nicht zu spät zur Stunde kommen.

HANS: Können Sie denn nicht schwänzen?

30 **PAUL:** Und die Philosophiestunde besuchen? Das kommt nicht in Frage.

WORTSCHATZ (6-b)

an-kommen (ist) to arrive

die Dame (–n) lady

doch won't we?

eilig hurriedly   ich habe es nicht eilig I am not in a hurry   Warum haben Sie es denn so eilig? Why are you in such a hurry?

entschuldigen to excuse   Entschuldigen Sie bitte! Excuse me please!

die Frage question   Das kommt nicht in Frage. That is out of the question.

gerne gladly

gestern abend last night

gnädiges Fräulein: *used only for addressing a young lady. Translate with* Miss *and surname.*

hin: *used with verbs of motion to express motion away from the speaker*

jung young

kommen to come   Das kommt nicht in Frage. That is out of the question.

die Philosophie'stunde (–n) philosophy class

schwänzen to skip *or* cut class

sein to be   Wie lange sind Sie schon hier? How long have you been here?

sonst otherwise, or else

das Studen'tenheim students' union

das Verbindungshaus (–es, ⸗er) sorority house *or* fraternity house

warum' why

wieder-sehen to see again   Auf Wiedersehen! Good-by!

wirklich really

wo where

wollen to want to   Wo wollen Sie denn hin? Where are you going?

7   In der Deutschstunde

Beschreibung (7-a)

Die Studenten sind im Klassenzimmer. Es hat drei Fenster und ist deshalb hell. Wenn es draußen dunkel ist, kann man das elektrische Licht andrehen. Der Schalter ist an der Wand neben der Tür.

5   Es hat geklingelt. Die Pause ist vorüber, und der Lehrer sitzt schon an seinem Pult. Er kommt immer pünktlich zur Klasse. Er trägt eine Brille. Ein Student steht an der Wandtafel und schreibt die heutige Aufgabe an die Wandtafel. Er ist der beste Student in der Klasse. Ein anderer wischt die Wandtafel rechts mit
10 dem Wischer ab. Die übrigen Studenten sitzen auf ihren Plätzen. Paul und sein Freund, der heute die Deutschstunde als Gast besucht, sitzen in der letzten Reihe. In der ersten Reihe sitzen sechs Studenten, in der zweiten sitzen nur fünf. Es fehlt jemand.

Links vorn steht eine Staffelei. Darauf steht ein Anschauungs-
15 bild, das die Studenten heute besprechen werden. Ganz links in der Ecke steht ein Zeigestock, womit man auf das Bild oder auf die Landkarte zeigt. Das Pult steht auf einem Podium. Neben dem Pult steht ein Papierkorb. Über der Wandtafel hängt ein Bild von Goethe.

20   Der Lehrer hat die Hefte mitgebracht, die er gestern korrigiert hat. Die Prüfung war ein Diktat, das die Studenten nachgeschrieben haben. Er wird die Hefte am Ende der Stunde zurückgeben. Die Studenten sind gespannt, was für eine Zensur sie bekommen haben. Paul hat Angst, daß er durchgefallen ist. Er ist nicht der beste
25 Student in dieser Klasse, er ist aber auch nicht der schlechteste. Jetzt kommt eben ein hübsches Mädchen in die Klasse. Es ist Fräulein Schnecke. Sie kommt jeden Tag zu spät. Sie handelt nach dem Sprichwort: „Eile mit Weile!"

WORTSCHATZ (7-a)

ab-wischen to erase (*from the blackboard*)

ander- other

an-drehen to turn on

Angst anxiety **Angst haben** to be afraid

das Anschauungsbild (–es, –er) illustrative picture

auch ... nicht not ... either

besprechen (bespricht, besprach, besprochen) to discuss

die Brille (–n) pair of spectacles, glasses

deshalb for that reason

das Diktat' (–s, –e) dictation

dunkel dark

durch-fallen (fällt durch, fiel durch, ist durchgefallen) to fail in an examination, "flunk"

eben just

eilen (ist) to hurry „Eile mit Weile!" "Haste makes waste!"

elek'trisch electric

das Ende (–s) end

fehlen to be absent

ganz entirely **ganz links** clear to the left

gespannt sein to be eager to know

handeln to act

das Heft (–es, –e) notebook; bluebook

hell light

heutig today's

jemand somebody

die Klasse (–n) class

das Klassenzimmer (–s, –) classroom

korrigie'ren to correct

die Landkarte (–n) map

letzt- last

mit-bringen (brachte mit, mitgebracht) to bring along

nach according to

nach-schreiben (schrieb nach, nachgeschrieben) to write down

der Papier'korb (–s, ⸚e) wastebasket

die Pause (–n) intermission

der Platz (–es, ⸚e) place, seat

das Podium (–s, –dien) platform

das Pult (–es, –e) desk

pünktlich punctual(ly), on time

die Reihe (–n) row

der Schalter (–s, –) switch

schlechtest- (*sup. of* **schlecht**) poorest

sechs six

das Sprichwort (–s, ⸚er) saying, proverb

die Staffelei' (–en) easel

tragen (trägt, trug, getragen) to wear

übrig remaining

vorü'ber past; over

die Wandtafel (–n) blackboard

die Weile while „Eile mit Weile!" "Haste makes waste!"

wenn when, if

der Wischer (–s, –) (blackboard) eraser

womit' with which

zeigen to point

der Zeigestock (–s, ⸚e) pointer

die Zensur' (–en) grade

zurück'-geben to return

Gespräch (7-b): PAUL SCHMIDT, HANS WEBER

HANS: Beginnt Ihre Stunde immer pünktlich?

PAUL: O ja! Punkt neun Uhr.

HANS: Welche Sprachen werden hier gelehrt?

PAUL: Im Erdgeschoß Latein und Griechisch, im ersten Stock
5   Deutsch und im zweiten Stock Französisch, Italienisch und
     Spanisch.

HANS: Wieviele Studenten sind in Ihrer Klasse?

PAUL: Ich glaube zwanzig.

HANS: Dann ist das eine ziemlich kleine Klasse.

10 PAUL: Ja, aber es sind nur gute Studenten in der Klasse, mit einer
     Ausnahme.

HANS: Wer ist das?

PAUL: Ich.

HANS: Was ist das für ein Bild da vorn auf … auf … ach, wie nennt
15   man das auf deutsch?

PAUL: Sie meinen auf der Staffelei. Das ist unser Anschauungs-
     bild. Wir werden es heute besprechen.

HANS: Jetzt klingelt es.

PAUL: Hier kommt auch schon unser Lehrer.

20 HANS: Ist er ein guter Lehrer?

PAUL: Sie können das gleich selbst entscheiden.

HANS: Haben Sie Ihre Aufgabe für heute gelernt?

PAUL: Ich kann mein Gespräch auswendig.

HANS: Das Sprechen ist nicht so schwer, aber die Grammatik macht
25   mir viel Sorge.

PAUL: Mir auch.

HANS: Hoffentlich ruft Sie der Lehrer oft auf.

PAUL: Haben Sie keine Sorge! Er ruft mich leider viel zu oft auf.

HANS: Erzählen Sie mir schnell noch etwas von den Studenten.

30 PAUL: Der da an der Wandtafel ist der beste Student.

HANS: Und das Mädchen in der ersten Reihe?

PAUL: Sie ist sehr begabt, besonders in Mathematik.

HANS: Das ist mein schwächstes Fach. — Wie heißt ihre Nachbarin?

PAUL: Ich weiß ihren Namen nicht. Sie ist ein sehr ruhiges Mädchen.

HANS: Fehlt dort jemand?

PAUL: Wahrscheinlich Fräulein Schnecke. Sie kommt immer zu spät.   5

HANS: Vielleicht braucht sie einen Wecker.

PAUL: Einer ist nicht genug — sie braucht mindestens drei!

WORTSCHATZ (7-b)

auf deutsch in German

auf-rufen (rief auf, aufgerufen) to call on

die **Ausnahme** (–n) exception

begabt gifted

besonders especially, particularly

brauchen to need, be in need of

entscheiden (entschied, entschieden) to decide

erzählen to tell

das **Fach** (–es, ⁻er) subject

die **Gramma'tik** (–en) grammar

können (kann, konnte, gekonnt) to be able **Ich kann mein Gespräch auswendig.** I know my conversation by heart.

leider unfortunately

(die) **Mathematik'** mathematics

meinen to mean

mindestens at least

die **Nachbarin** (–nen) neighbor

der **Name** (–ns, –n) name

nennen (nannte, genannt) to call **Wie nennt man das auf deutsch?** What do you call that in German?

neun nine

ruhig quiet

schnell quick(ly)

schwächst- (*sup. of* schwach) weakest

schwer difficult, hard

selbst (for) yourself

die **Sorge** (–n) worry **Sorge machen** to cause trouble **Haben Sie keine Sorge!** Don't worry!

das **Sprechen** talking; conversation

ziemlich rather

zwanzig twenty

8   Vor der Bibliothek

Beschreibung (8-a)

Rechts im Vordergrund sehen wir Hans und Rita. Sie haben sich zufällig getroffen. Hans kam gerade aus der Deutschstunde und wollte sich den Campus ansehen. Rita hat jetzt eine Freistunde. Sie wollte in die Bibliothek gehen, um sich auf ihre Nachmittags-
5 stunde vorzubereiten.

Die großen Stufen der Freitreppe führen zur Bibliothek hinauf. Ein Student mit einer grünen Kappe kommt aus der Bibliothek. Er hat sich viele Bücher geholt. Er ist sehr fleißig und arbeitet viel. Ein anderer geht vielleicht in den Zeitschriftensaal und will sich
10 die neusten Nummern der wöchentlichen und monatlichen Zeitschriften ansehen. Vielleicht geht er in den Lesesaal. Es ist der schönste und größte Raum in der Bibliothek. Viele Studenten arbeiten dort; sie machen ihre Schularbeiten oder bereiten sich auf ihre Stunden vor. Es ist immer sehr ruhig hier, denn man darf
15 nicht laut sprechen. Manchmal trifft aber ein Student einen Freund oder eine Freundin. Dann setzen sie sich zusammen und sprechen leise miteinander. Besonders kurz vor den Semesterprüfungen kann man hier viele fleißige Studenten finden. Sie bereiten sich auf die Prüfungen vor.
20 Die Bibliothek steht im Mittelpunkt des akademischen Lebens. Hier stehen den Studenten große freundliche Räume und Tausende von guten Büchern zur Verfügung. Man findet hier die Werke berühmter Dichter, Romane, Novellen; auch wissenschaftliche Werke, Nachschlagewerke, Wörterbücher u.dgl. Die Bibliothek ist
25 wochentags von acht Uhr morgens bis zehn Uhr abends und sonntags von zwei Uhr nachmittags bis sechs Uhr abends geöffnet.

WORTSCHATZ (8-a)

akade′misch academic
berühmt famous
der Dichter (–s, –) writer, poet
finden (fand, gefunden) to find
fleißig industrious
die Freistunde (–n) free period
die Freitreppe (–n) outside steps
freundlich friendly
geöffnet (*p.p.*) open
hinauf′-führen to lead up
sich (*dat.*) holen *here:* to take out, get
ihr their
die Kappe (–n) cap
kurz shortly
laut loudly
das Leben (–s) life
leise softly
der Lesesaal (–s, –säle) reading room
miteinander with one another
der Mittelpunkt (–s, –e) center
monatlich monthly
morgens in the morning
nachmittags in the afternoon
die Nachmittagsstunde (–n) afternoon
  class
das Nachschlagewerk (–s, –e) reference book

neust- (*sup. of* neu) newest, latest
die Novel′le (–n) short story
die Nummer (–n) number; issue
der Raum (–es, ″e) room
der Roman′ (–s, –e) novel
schönst- most beautiful
die Seme′sterprü′fung (–en) final examination
die Stufe (–n) step
(das) Tausend (–s, –e) thousand
um . . . zu in order to
die Verfügung: zur Verfügung stehen (*with dat.*) to be at the disposal
  of
sich vor-bereiten auf to prepare for
das Werk (–es, –e) work; book
wissenschaftlich scientific
wochentags weekdays
wöchentlich weekly
das Wörterbuch (–s, ″er) dictionary
die Zeitschrift (–en) periodical
der Zeitschriftensaal (–s, –säle) periodical room
zufällig by chance; (*with verb*) happen to . . .

Gespräch (8-b): HANS WEBER, RITA FISCHER

HANS: Fräulein Fischer! Was für eine angenehme Überraschung!
Haben Sie keine Stunde?

RITA: Nein, ich habe jetzt eine Freistunde und will in die Bibliothek
gehen.

HANS: Darf ich mich Ihnen anschließen? 5

RITA: Gerne; ich kann Ihnen den Lesesaal und den Zeitschriftensaal zeigen.

HANS: Sagen Sie mal, müssen Sie wirklich in die Bibliothek gehen?

RITA: Wieso?   Haben Sie keine Lust dazu?

HANS: Ich schlage vor, daß wir lieber spazieren gehen.

RITA: Das ist mir recht.   Die frische Luft wird mir gut tun.

5 HANS: Darf ich Ihre Bücher tragen?

RITA: Die sind wirklich nicht schwer; aber wenn Sie wollen.

HANS: Lesen Sie viel, Fräulein Fischer?

RITA: Ich habe augenblicklich sehr viel auf und wenig Zeit zum Lesen.

10 HANS: Was lesen Sie am liebsten?   Lesen Sie gern Detektivromane?

RITA: Nicht besonders.   Ich lese gerne einen guten Roman oder eine gute Novelle.

HANS: Eine Liebesgeschichte?

RITA: Dann und wann; am liebsten lese ich aber eine interessante
15   Selbstbiographie.

HANS: Wo essen Sie heute zu Mittag, wenn ich fragen darf?

RITA: Wie gewöhnlich, im Verbindungshaus.

HANS: Hätten Sie Lust, mit mir im Studentenheim zu essen?

RITA: Gerne; ich habe aber von elf bis zwölf Geschichte.

20 HANS: Wo können wir uns dann treffen?

RITA: Ich schlage vor, daß wir uns im Gesellschaftszimmer treffen.

HANS: Gut. — Sehen Sie nur, wie schön der See aussieht!

RITA: Herrlich, so blau.

HANS: Geradeso blau wie Ihre Augen.

25 RITA: Na, na!   Machen Sie sich nicht über meine Augen lustig!

HANS: Nein!   Ich meine das im Ernst! — Wollen wir uns eine Weile hier auf die Bank setzen?

RITA: Ich glaube, es ist Zeit, in meine Stunde zu gehen.

HANS: Wie schade!   Darf ich Sie dorthin begleiten?

30 RITA: Bitte.

WORTSCHATZ (8-b)

sich **an-schließen** (schloß an, ange-schlossen) to join

auf-haben to have to do **ich habe sehr viel auf** I have (very) much homework to do

das **Auge** (–s, –n) eye

augenblicklich just now

die **Bank** (ꞈe) bench

begleiten to accompany

blau blue

dann then **dann und wann** now and then

dazu' to it, for it

der **Detektiv'roman'** (–s, –e) detective story

dorthin there

elf eleven

der **Ernst** seriousness **im Ernst** seriously

fragen to ask

geradeso just as

das **Gesellschaftszimmer** (–s, –) drawing room, lounge

herrlich wonderful

das **Lesen: zum Lesen** for reading

die **Liebesgeschichte** (–n) love story

die **Lust** pleasure **Haben Sie keine Lust dazu?** Don't you want to? **Hätten Sie Lust ...?** Would you like ...?

lustig gay **sich lustig machen über** to make fun of

mal: Sagen Sie mal! Tell me!

schwer heavy

der **See** (–s, –n) lake

sehen (sieht, sah, gesehen) to look

die **Selbst'biographie'** (–n) autobiography

spazie'ren gehen (ist) to go for a walk

tragen (trägt, trug, getragen) to carry

vor-schlagen (schlägt vor, schlug vor, vorgeschlagen) to suggest

wie as

Wieso'? Why do you ask?

wollen (will, wollte, gewollt) to want to **Wollen wir ...?** Shall we ...?

zwölf twelve

9   Im Studentenheim

Im Gesellschaftszimmer

Beschreibung (9-a)

Das Studentenheim ist das neuste und modernste Gebäude auf dem Campus. In diesem Gebäude finden wir keine Klassenzimmer. Die Zimmer sind geräumig; sie sind geschmackvoll eingerichtet. Hier können die Studenten morgens, mittags, nachmittags und 5 abends ihre Freizeit verbringen. Sie können sich ausruhen und sich unterhalten; sie können Schach, Bridge oder Tischtennis spielen. Sie können sich also hier amüsieren, aber sie dürfen hier natürlich auch ihre Schularbeiten machen.

Auf unserem Bilde sehen wir ein Gesellschaftszimmer. Es hat 10 große Fenster mit Vorhängen. Aus diesen Fenstern hat man einen schönen Blick auf den Campus. Rechts in der Ecke steht ein Flügel. Fräulein Schneider spielt Klavier, während sie auf Herrn Schmidt wartet. An der Wand steht ein langes Bücherregal mit vielen guten Büchern. Im Nebenzimmer spielen zwei Jungen Tischtennis. Der 15 eine, Herr Blitz, hat neulich die Meisterschaft im Tischtennis gewonnen.

Im Vordergrund rechts spielen vier Studenten Bridge an einem kleinen viereckigen Tisch. Sie sitzen auf Klappstühlen. Ein anderer sieht zu. In der bequemen Sofaecke sitzt ein Student; sein 20 Buch liegt aufgeschlagen neben ihm. Er hat schon zu Mittag gegessen. Er ist eingeschlafen und hält jetzt sein Mittagsschläfchen. Hoffentlich verschläft er nicht seine Nachmittagsstunde.

In dem Gebäude befindet sich auch ein Auditorium mit einer großen Bühne. Im Parkett und auf dem Balkon sind zusammen 25 mehr als fünfzehnhundert Sitzplätze. In diesem großen Raum werden Vorträge gehalten und Konzerte und Theateraufführungen veranstaltet.

WORTSCHATZ (9-a)

sich **amüsie'ren** to amuse oneself, have a good time

das **Audito'rium** (–s, –riĕn) auditorium

aufgeschlagen (*p.p.*) opened (*speaking of a book*)

sich **aus-ruhen** to rest

der **Balkon'** (–s, –e) balcony

der **Blick** (–es, –e) view

das **Bridge** bridge (*card game*)

die **Bühne** (–n) stage

eingerichtet (*p.p.*) furnished

ein-schlafen (ist) to fall asleep

die **Freizeit** free time

fünfzehnhundert fifteen hundred

geräumig spacious

geschmackvoll tasteful, in good taste

gewinnen (gewann, gewonnen) to win

halten (hält, hielt, gehalten) to hold; *here:* to take; to give

der **Junge** (–n, –n) boy

der **Klappstuhl** (–s, ⸚e) folding chair

das **Konzert'** (–s, –e) concert

die **Meisterschaft** championship

mittags at noon

das **Mittagsschläfchen** (–s, –): **ein**

Mittagsschläfchen halten to take **an** afternoon nap

modernst'- most modern

das **Nebenzimmer** (–s, –) adjoining room

neulich the other day

das **Parkett'** (–s) main floor (*of a theater*)

das **Schach** (–s) chess

der **Sitzplatz** (–es, ⸚e) seat

die **Sofaecke** (–n) corner of the davenport

die **Thea'terauf'führung** (–en) theatrical performance

das **Tischtennis** (–) table tennis, ping-pong

sich **unterhal'ten** to talk

veranstalten to perform, give

verschlafen (verschläft, verschlief, verschlafen) to oversleep, sleep through

viereckig square

der **Vortrag** (–s, ⸚e) lecture **einen Vortrag halten** to give a lecture

während (*conj.*) while

zusam'men together, combined

zu-sehen to watch

Gespräch (9-b): HANS WEBER, KÄTE SCHNEIDER, RITA FISCHER

RITA: Bitte, lassen Sie sich nicht stören!

KÄTE: Ich störe aber wahrscheinlich die anderen mit meinem Spielen.

RITA: Nicht den jungen Herrn da auf dem Sofa.

KÄTE: Er hält sein Mittagsschläfchen.   5

RITA: Vielleicht sollte ihn jemand wecken; er verschläft sonst seine
       Nachmittagsstunde.
KÄTE: Haben Sie Herrn Schmidt gesehen?
RITA: Nein, ich komme eben aus meiner Stunde.
5 KÄTE: Na ja, die Männer sind immer unpünktlich.
RITA: Herr Weber ist auch noch nicht hier.
KÄTE: Werden Sie hier essen?
RITA: Ja, er hat mich eingeladen.
KÄTE: Dann können wir vielleicht alle vier zusammen essen.
10 RITA: Sagen Sie mal, wer spielt eigentlich dort Bridge?
KÄTE: Der Herr mit dem blonden Haar kommt mir bekannt vor.
       Ich glaube, er ist in meiner Psychologiestunde.
RITA: Wie heißt er?
KÄTE: Ich kann mich leider im Augenblick nicht auf seinen Namen
15   besinnen.
RITA: Der da zusieht, ist einer von unseren besten Fußballspielern.
KÄTE: O ja! Das ist Herr Stark.
RITA: Haben Sie Herrn Blitz Tischtennis spielen sehen?
KÄTE: Ja, er spielt gerade im Nebenzimmer.
20 RITA: Er spielt wirklich erstklassig.
KÄTE: Kein Wunder, daß er die Meisterschaft gewonnen hat.
RITA: Da kommt endlich Herr Weber!
KÄTE: Herr Schmidt ist nicht bei ihm. Ich möchte wissen, wo er
       bleibt.
25 HANS: Guten Tag, meine Damen! Es tut mir leid, daß ich mich
       verspätet habe. Ich hatte mich verlaufen.
RITA: Das hab' ich mir gedacht.
KÄTE: Haben Sie Ihren Freund nicht gesehen?
HANS: Nein.—Na, worauf warten wir denn? Wollen wir nicht
30   essen gehen?
RITA: Wollen Sie nicht auf Ihren Freund warten?
HANS: Ach, wer weiß, wann der kommt. Ich habe furchtbaren
       Hunger.
RITA: Kommen Sie mit, Fräulein Schneider?
35 KÄTE: Nein, ich warte noch ein paar Minuten.

WORTSCHATZ (9-b)

auch noch nicht not ... yet either

der Augenblick (–s, –e) moment **im Augenblick** at the moment

bekannt familiar

sich besinnen auf (besann, besonnen) to recall

bleiben (blieb, ist geblieben) to stay ... **wo er bleibt** what is keeping him

blond blond

denken (dachte, gedacht) to think **Das hab' ich mir gedacht.** I thought so.

eigentlich really; *in questions:* I should like to know. *Translate by* Tell me *or omit.*

ein-laden (lud ein, eingeladen) to invite, ask

endlich finally, at last

erstklassig first-rate **Er spielt wirklich erstklassig.** He is really a first-rate player.

furchtbar terrible

der Fußballspieler (–s, –) football player

das Haar (–es, –e) hair

der Hunger hunger **Ich habe furchtbaren Hunger.** I am terribly hungry.

lassen (läßt, ließ, gelassen) to let

leid: es tut mir leid I am sorry

Na ja Oh well

noch still **noch ein paar Minuten** a few more minutes **noch nicht** not yet

paar: ein paar a few

die Psychologie'stunde (–n) psychology class

sollen: sollte ought to

das Spielen playing

stören to disturb, bother **Bitte, lassen Sie sich nicht stören!** Please don't let me disturb you!

der Tag (–es, –e) day **Guten Tag!** How do you do? Hello!

unpünktlich unpunctual **Die Männer sind immer unpünktlich.** Men are never on time.

verbringen (verbrachte, verbracht) to spend

sich verlaufen (verläuft, verlief, verlaufen) to lose one's way

sich verspäten to be late

vor-kommen (ist) to seem **kommt mir bekannt vor** looks familiar to me

worauf' for what **Na, worauf warten wir denn?** Well, what are we waiting for?

das Wunder (–s, –) wonder

zu-sehen to watch **der da zusieht** the one who is watching

10 Im Studentenheim

In der Mensa

Beschreibung (10-a)

Im Kellergeschoß des Studentenheims ist die Mensa, d.h. (das heißt) auf englisch soviel wie „Student Cafeteria". Studenten, die bei ihren Eltern wohnen und während der Mittagsstunde nicht nach Hause gehen, können sehr preiswert in der Mensa essen. Hier kann
5 man sich selbst bedienen und braucht deshalb kein Trinkgeld zu geben.

Auf unserem Bilde sehen wir den Speisesaal. Auf der Anrichte sind allerlei Speisen. Hinter der Anrichte hängen lange Preislisten an der Wand. Hier kann man sehen, wieviel die verschiedenen
10 Speisen kosten.

Man nimmt sich ein Tablett, ein Messer, eine Gabel, einen Eßlöffel, einen Teelöffel und eine Serviette. Dann geht man an der Anrichte entlang und sucht sich etwas aus, worauf man Appetit hat. Alles ist zu haben: Suppe, Fleisch, Fisch, Salzkartoffeln, Kartoffelmus,
15 frisches Gemüse, verschiedene Salate. Auf einem Glasgestell ist eine große Auswahl von Nachtischen: Obst, Kuchen und Kompott. Gleich daneben finden wir Brot in Schnitten, Brötchen und kleine viereckige Stückchen Butter. Auch an Getränken hat man große Auswahl: Kaffee, Milch, Tee, Eistee usw. Jetzt kommt man an die
20 Kasse. Hier sitzt eine Kassiererin. Sie rechnet alles zusammen, und man muß die Rechnung bezahlen. Jetzt holt man sich ein Glas kaltes Wasser, und dann setzt man sich an einen Tisch und ißt. Auf jedem Tisch ist ein Salzstreuer, ein Pfefferstreuer und eine Zuckerdose.

25 Zur Mittagsstunde ist hier immer großer Andrang. Man muß sich hinten in der Reihe anstellen und oft lange warten. „Wer zuerst kommt, mahlt zuerst." Hans und Rita sind fast fertig mit Essen.

Hans hat immer Hunger. Er konnte nicht auf die anderen beiden
Freunde warten.

WORTSCHATZ (10-a)

allerlei a great variety of
alles everything
der Andrang (–s) rush; crowd
die Anrichte (–n) *here:* steam table,
  counter
sich an-stellen to stand
(der) Appetit' appetite worauf man
  Appetit hat for which one has an
  appetite
sich (*dat.*) aus-suchen to choose, select
die Auswahl selection
sich (selbst) bedienen to serve oneself
beide both die anderen beiden the
  other two
bezahlen to pay
brauchen (*with infinitive*) to have to
das Brötchen (–s, –) roll
d.h. (das heißt) that is
der Eistee (–s) iced tea
entlang-gehen (ist) to go along
der Eßlöffel (–s, –) soup spoon
fertig finished sind fast fertig mit
  Essen are almost through eating
der Fisch (–es, –e) fish
das Fleisch (–es) meat
das Gemüse (–s, –) vegetable
das Getränk (–s, –e) beverage
das Glasgestell (–s, –e) glass shelf
haben: Alles ist zu haben. Everything can be had. There is some of
  everything.
Haus: nach Hause home
hinten at the end
sich (*dat.*) holen to get (for) oneself
kalt cold

das Kartof'felmus mashed potatoes
die Kasse (–n) cash register
die Kassie'rerin (–nen) (woman)
  cashier
das Kellergeschoß (–schosses,–schosse)
  basement
das Kompott' (–s, –e) compote, stewed
  fruit
kosten to cost
mahlen to grind „Wer zuerst
  kommt, mahlt zuerst." "First
  come, first served."
die Mensa: *short for* Mensa Acade'-
  mica (*Latin*) "Academic Table";
  college commons, student cafeteria
die Mittagsstunde (–n) noon hour
der Nachtisch (–s, –e) dessert
die Preisliste (–n) price list; menu
preiswert reasonably
die Rechnung (–en) bill, check
der Salat' (–es, –e) salad
die Salz'kartof'fel (–n) boiled potato
soviel' wie the same as
die Speise (–n) food; dish
der Speisesaal (–s, –säle) dining room
das Stückchen (–s, –) small piece
die Suppe (–n) soup
das Tablett' (–s, –e) tray
das Trinkgeld (–s) tip
während (*prep.*) during
das Wasser (–s) water
wieviel' how much
zuerst' (at) first
zusam'men-rechnen to add up

Gespräch (10-b): HANS WEBER, RITA FISCHER

HANS: Hier ist ein Tablett für Sie, ein Messer, eine Gabel, ein Eßlöffel und eine Serviette.

RITA: Danke schön!   Aber ich brauche keinen Eßlöffel.

HANS: Wollen Sie keine Suppe essen?

5 RITA: Nein, ich habe keinen Appetit darauf; aber geben Sie mir
bitte einen Teelöffel!

HANS: So, nun suchen Sie sich bitte etwas aus!

RITA: Ich habe Appetit auf Fisch; er sieht frisch aus.

HANS: Ha! Ha!

10 RITA: Worüber lachen Sie denn?

HANS: Ich dachte gerade: Fräulein Fischer ißt frischen Fisch.

RITA: Sie sind ein Genie, Herr Weber.   Aber kennen Sie den
Zungenbrecher „Fritz Fischer fischte frische Fische"?

HANS: „Fritz Fischer ..."

15 RITA: O nein!   Sie müssen das viel schneller sagen!

HANS: „Fritz Fischer frisch" — Ha! Ha! Ha!

RITA: Wir müssen weitergehen; die Leute hinter uns werden ungeduldig.

HANS: Hier sind Kartoffeln.   Möchten Sie Kartoffelmus oder Salz-
20   kartoffeln?

RITA: Danke, keine Kartoffeln.   Ich will abnehmen.

HANS: Aber Sie möchten doch etwas Gemüse?

RITA: Ja, Blumenkohl und Tomatensalat, bitte.

HANS: Und was möchten Sie als Nachtisch?

25 RITA: Erdbeereis und auch eine Tasse Kaffee.

HANS: Wollen Sie keine Sahne?

RITA: Nein, ich trinke den Kaffee schwarz.

HANS: Ich werde heute Milch trinken.

RITA: Haben Sie sich denn auch was Gutes ausgesucht?

40 HANS: Sehen Sie sich nur mein Tablett an, es ist voll.

RITA: Denken Sie an Ihre Figur, Herr Weber!

HANS: Machen Sie sich keine Sorgen um mich!   Ich habe keine
Angst, daß ich zunehme.

RITA: Dort ist noch ein Tisch frei.

HANS: Fräulein Fischer, hätten Sie Lust, heute nachmittag Tennis zu spielen?

RITA: Das wäre nett. — Wissen Sie was? Wir fragen Fräulein Schneider und Ihren Freund, ob sie mitspielen wollen. 5

HANS: Ich habe nichts dagegen. — So, nehmen Sie bitte Platz! Guten Appetit!

RITA: Danke, gleichfalls!

HANS: Ach, ich habe das Wasser vergessen. Bitte entschuldigen Sie mich einen Augenblick! Ich hole zwei Glas Wasser. 10

WORTSCHATZ (10-b)

ab-nehmen to lose weight

als Nachtisch for dessert

(der) **Appetit'**: Guten Appetit! I hope you will enjoy your meal! **ich habe keinen Appetit darauf** I have no appetite for it; I don't care for any

der **Blumenkohl** (–s) cauliflower

dage'gen against it **Ich habe nichts dagegen.** I have no objection. It's all right with me.

Danke schön! Thank you very much!

das **Erdbeereis** (–es) strawberry ice cream

die **Figur'** (–en) figure

fischen to fish

frei vacant, unoccupied

das **Genie'** (–s, –s) genius

gleichfalls likewise **Gleichfalls!** The same to you!

Gutes: was Gutes something good

heute nachmittag this afternoon

die **Kartof'fel** (–n) potato

lachen to laugh

die **Leute** (*pl.*) people

mit-spielen to join in play with; *here:* join us

nun now

ob if

Platz nehmen to sit down **So, nehmen Sie bitte Platz!** There, won't you sit down, please?

schneller faster

sein: Das wäre nett. That would be nice.

die **Sorge** worry **Machen Sie sich keine Sorgen um mich!** Don't worry about me!

der **Toma'tensalat'** (–s, –e) tomato salad

ungeduldig impatient

voll full

was = etwas: was Gutes something good

worü'ber what ... about?

zu-nehmen to gain weight

der **Zungenbrecher** (–s, –) tongue twister

Im Stadion

Beschreibung (11-a)

Fast alle Studenten interessieren sich für irgendeinen Sport. Einige gehören zu der Fußballmannschaft, andere sind in der Tennismannschaft oder in der Baseballmannschaft. Freunde treiben zusammen verschiedene Arten von Sport. Jungen und Mädchen spielen zu-
5 sammen Tennis oder Golf; einige schwimmen, andere fahren Rad.

Unser Bild zeigt uns im Hintergrund ein Stadion. Wir sehen einen Fußballplatz und eine Tribüne. Im Herbst sitzen hier viele begeisterte Zuschauer. Sie sehen sich die Wettspiele an. Auf dem Spielfeld trainieren jetzt einige Mitglieder der Fußballmannschaft.
10 Sie werden nächsten Sonnabend gegen die Mannschaft einer anderen Schule spielen. Sie wollen natürlich die Gegner schlagen. Um das Spielfeld herum ist eine Laufbahn. Hier trainieren die Läufer. Wir sehen drei; sie trainieren Dauerlauf.

Im Vordergrund rechts sind zwei Sprunggruben. Hier üben
15 die Springer Weitsprung, Hochsprung und Stabhochsprung. Ein Sportlehrer steht neben einem Sportler, der eine Sprungstange in der Hand hat. Ein anderer Sportler übt Stabhochsprung.

Links vorn sind die Tennisplätze. Unsere Freunde spielen dort Tennis. Sie spielen ein Doppelspiel. Wir können sie aber nicht
20 erkennen. Zwei andere Studenten spielen ein Einzelspiel.

In der Mitte links liegt die Turnhalle. Hier können die Studenten im Sommer und im Winter Leichtathletik treiben, Fußball und Korbball spielen. Im rechten Flügel des Gebäudes ist ein großes Schwimmbecken, wo die Studenten schwimmen können. Schwim-
25 men ist ein gesunder Sport.

WORTSCHATZ (11-a)

die **Art** (–en) kind
die **Baseballmannschaft** (–en) (*pron.*
  Base- *as in English*) baseball team
begeistert (*p.p.*) enthusiastic
der **Dauerlauf** (–s) (long) distance
  running, cross-country race
das **Doppelspiel** (–s, –e) doubles
das **Einzelspiel** (–s, –e) singles
erkennen (erkannte, erkannt) to recognize
der **Flügel** (–s, –) wing
der **Fußball** (–s, ⸚e) football
die **Fußballmannschaft** (–en) football
  team
der **Fußballplatz** (–es, ⸚e) football
  field
gegen against
der **Gegner** (–s, –) opponent
gesund healthy
(das) **Golf** (–s) golf
der **Herbst** (–es, –e) fall
der **Hochsprung** (–s) high jump
sich **interessie'ren für** to be interested
  in
irgendein some type of
der **Korbball** (–s, ⸚e) basketball
die **Laufbahn** (–en) track
der **Läufer** (–s, –) runner
die **Leicht'athle'tik** light athletics,
  track
link- left
die **Mannschaft** (–en) team
das **Mitglied** (–s, –er) member

nächst- next
Rad fahren to bicycle
schlagen (schlägt, schlug, geschlagen)
  to beat
das **Schwimmbecken** (–s, –) swimming pool
schwimmen (schwamm, geschwommen) to swim
das **Schwimmen** (–s) swimming
der **Sommer** (–s, –) summer
der **Sonnabend** (–s, –e) Saturday
das **Spielfeld** (–es, –er) playing field
der **Sport** (–s) sport(s)
der **Sportlehrer** (–s, –) coach
der **Sportler** (–s, –) athlete
der **Springer** (–s, –) jumper
die **Sprunggrube** (–n) sand pit
die **Sprungstange** (–n) vaulting pole
der **Stabhochsprung** (–s) pole vault
das **Stadion** (–s, –diën) stadium
die **Tennismannschaft** (–en) tennis
  team
der **Tennisplatz** (–es, ⸚e) tennis court
trainie'ren to practice
treiben (trieb, getrieben) to take part
  in, go in for
die **Tribü'ne** (–n) grandstand
die **Turnhalle** (–n) gymnasium
üben to practice
um ... herum all around
der **Weitsprung** (–s) broad jump
das **Wettspiel** (–s, –e) contest; **game**
der **Zuschauer** (–s, –) spectator

der Wettbewerb = competition

Gespräch (11-b): PAUL SCHMIDT, KÄTE SCHNEIDER

PAUL: Wo bleiben eigentlich die beiden?
KÄTE: Holt Ihr Freund Fräulein Fischer ab?

PAUL: Ja, und wahrscheinlich ist sie noch nicht fertig mit Anziehen.

KÄTE: Spielen Sie oft Tennis?

PAUL: Ich komme nicht oft dazu; höchstens zweimal die Woche.

KÄTE: Für welchen Sport interessieren Sie sich am meisten?

5 PAUL: Golf ist mein Lieblingssport, aber ich spiele auch sehr gern Tennis.

KÄTE: Während der Ferien schwimme ich fast jeden Tag.

PAUL: Das ist ein gesunder Sport. Schwimmen Sie oft im Schwimmbecken in der Turnhalle?

10 KÄTE: Ja, oft. Letztes Semester habe ich an einem Schwimmkursus teilgenommen.

PAUL: Wann haben wir eigentlich wieder mal ein paar Tage Ferien?

KÄTE: Nicht vor Weihnachten.

PAUL: Vielleicht haben wir einen Tag frei, wenn wir viele Fußball-
15   spiele gewinnen.

KÄTE: Haben wir dieses Jahr eine gute Mannschaft?

PAUL: Der Zeitung nach, ja. Hoffentlich schlagen wir alle unsere Gegner!

KÄTE: Ich freue mich schon auf ein gutes Fußballspiel.

20 PAUL: Ich bin auch ein begeisterter Zuschauer.

KÄTE: Interessieren Sie sich für Leichtathletik?

PAUL: Ich bin kein großer Sportsmann, und für Stabhochsprung und Dauerlauf interessiere ich mich gar nicht.

KÄTE: Aber sicherlich begeistern Sie sich für Baseball.

25 PAUL: Allerdings. Als kleiner Junge habe ich sehr viel Baseball gespielt.

KÄTE: Mein kleiner Bruder spielt auch den ganzen Tag Baseball.

PAUL: In der High School war ich Mitglied der Korbballmannschaft.

KÄTE: Warum sind Sie hier nicht in der Mannschaft?

30 PAUL: Dazu habe ich keine Zeit mehr. Meine Schularbeiten nehmen zu viel Zeit in Anspruch.

KÄTE: Da kommen die beiden!

PAUL: Sogar in einer Taxe! — Ich schlage vor, daß wir zwei gegen die beiden spielen.

35 KÄTE: Haben Sie Ihren Freund schon mal spielen sehen?

PAUL: Ich habe schon oft mit ihm gespielt. Er spielt nicht viel
         besser als ich.

KÄTE: Hoffentlich schlagen wir die beiden!

WORTSCHATZ (11-b)

ab-holen to call for

allerdings' of course

sich (*dat.*) an-sehen to watch

der Anspruch (–s, ⸚e) claim in Anspruch nehmen to take up

der Baseball (–s) baseball

sich begeistern für to be enthusiastic
   about

beide both die beiden those two Da
   kommen die beiden! There they
   come!

die Feriĕn (*pl.*) vacation

frei free

sich freuen auf to look forward to

das Fußballspiel football game

gar nicht not at all

höchstens at the most

kein ... mehr no ... more

kommen to come Ich komme nicht
   oft dazu. I don't often find time
   for it.

die Korbballmannschaft (–en) basketball team

der Lieblingssport (–s) favorite sport

meist- most am meisten most of all

schon mal (*in questions*) ever

der Schwimmkursus (–, –kurse)
   swimming class

das Seme'ster (–s, –) semester

sicherlich certainly, undoubtedly

der Sportsmann (–s, –leute) athlete

teil-nehmen an to take part in

Weihnachten Christmas

wieder again

zweimal twice

12

Im Café

Beschreibung (12-a)

Unsere Freunde haben Tennis gespielt und sind jetzt sehr durstig und müde. Sie sind in ein Café gegangen. Die Jungen und die Mädchen sitzen einander gegenüber. Eine Kellnerin bedient die Gäste. Sie hat vier Glas Wasser gebracht und ein Glas neben jeden
5 Gast gestellt. Hans trinkt schon sein Glas aus. Jetzt bestellen sie etwas zu trinken und vielleicht auch etwas zu essen. Die Kellnerin nimmt die Bestellung entgegen.

Nachmittags gehen die Studenten gern in ein Café. Das Café auf unserem Bilde ist sehr beliebt. Man findet immer viele Stu-
10 denten hier. Sie unterhalten sich; sie sprechen über das Wetter, über ihre Professoren, über ihre Schularbeiten usw. Auch heute ist es voll; nur ein Tisch ist frei; die anderen, besonders die Ecktische, sind besetzt. Ein Herr geht eben auf der Straße vorbei. Er hat einen Hut auf, eine Zigarre im Mund und einen Regenschirm unter
15 dem Arm. Er sieht wie ein Professor aus.

Ein junger Mann kommt durch die Drehtür herein. Er hat eine Mappe in der Hand. Gleich links neben der Tür sitzt die Kassiererin. Hier bezahlt man die Rechnung. Die junge Dame verkauft auch Zigarren, Zigaretten, Kaugummi, Schokolade usw.
20 In der Ecke ist ein Kleiderständer. Hier hängt man seinen Hut und Mantel an einen Haken. Im Vordergrund sitzt eine junge Dame ganz allein und trinkt ein Glas Coca-Cola. Sie wartet auf den jungen Herrn, der gerade hereinkommt. Sie hat eine Verabredung mit ihm. Er hat sich verspätet.

WORTSCHATZ (12-a)

auf-haben to wear
aus-trinken to drink up; to finish

bedienen to wait on
beliebt popular

68

besetzt (*p.p.*) occupied, taken
bestellen to order
die Bestellung (–en) order
das Café′ (–s, –s) café
die Drehtür (–en) revolving door
durstig thirsty
der Ecktisch (–s, –e) corner table; *here:* booth
einan′der one another
entgegen-nehmen to take (*an order*)
ganz all   ganz allein all by herself
der Gast (–es, ⸚e) guest; customer
der Haken (–s, –) hook
hängen (*trans.*) to hang
herein′-kommen (ist) to come in-(side)
der Hut (–es, ⸚e) hat

der Kaugummi (–s) chewing gum
die Kellnerin (–nen) waitress
der Kleiderständer (–s, –) coat rack
der Mantel (–s, ⸚) overcoat
die Mappe (–n) briefcase
der Mund (–es) mouth
der Profes′sor (–s, Professo′ren) professor
der Regenschirm (–s, –e) umbrella
die Schokola′de chocolate
stellen to place, put
die Verabredung (–en) engagement, date
verkaufen to sell
das Wetter (–s) weather
wie like
die Zigar′re (–n) cigar

Gespräch (12-b): PAUL SCHMIDT, HANS WEBER, KÄTE SCHNEIDER, RITA FISCHER

KÄTE: Es ist schade, daß es angefangen hat zu regnen.

PAUL: Wir haben aber doch eine Stunde gespielt.

RITA: Wie stand eigentlich das Spiel, als wir aufhörten?

KÄTE: Sechs zu eins und sechs zu null.

HANS: Schweigen wir lieber davon!   5

PAUL: Die Kellnerin wartet auf die Bestellung, meine Herrschaften!

HANS: Fräulein, bringen Sie mir bitte erst schnell noch ein Glas Wasser!

RITA: Das Tennisspielen hat Sie durstig gemacht.

PAUL: Also, was bestellen wir?   10

KÄTE: Ich möchte gern ein großes Glas Coca-Cola.

RITA: Ich auch.

HANS: Für mich dasselbe.

PAUL: Na, da muß ich mir ja auch wohl dasselbe bestellen. Also vier Glas Coca-Cola, Fräulein!   15

HANS: Nicht zu dünn, bitte!

PAUL: Zigarette gefällig?

KÄTE: Bitte!

HANS: Wir haben keinen Aschenbecher.

RITA: Da drüben auf dem Tisch steht einer.

5 PAUL: Ich hole ihn.

HANS: Haben Sie heute abend etwas vor, meine Damen?

KÄTE: Ich nicht.

HANS: Vielleicht könnten wir ins Kino gehen. Haben Sie Lust, Fräulein Fischer?

10 RITA: Ich wollte eigentlich arbeiten.

KÄTE: Ach, Ihre Arbeit läuft nicht davon.

PAUL: Also abgemacht! Wir treffen uns Punkt acht vor dem Kino.

RITA: O weh!

HANS: Was ist denn los?

15 RITA: Da geht eben mein Spanischprofessor vorbei. Hoffentlich hat er mich nicht gesehen!

PAUL: Na, Sie dürfen doch wohl in ein Café gehen!?

RITA: Natürlich, aber ich habe heute nachmittag geschwänzt.

KÄTE: Fräulein Fischer! Sie erinnern mich an etwas. Ich habe
20   ganz und gar vergessen, daß ich heute nachmittag Mathematik hatte!

HANS: Ich bin ganz sprachlos, meine Damen!

RITA: Endlich! Hier kommt das Getränk. Ich verdurste schon.

HANS: Zum Wohl, meine Herrschaften!

25 PAUL: Aber Herr Weber, das sagt man nur, wenn man Bier oder Wein trinkt!

HANS: Nun, Coca-Cola tut's auch!

WORTSCHATZ (12-b)

abgemacht! that's settled!

also well then

an-fangen (fängt an, fing an, angefangen) to begin

auf-hören to stop

das Bier (–s) beer

dassel'be the same

davon'-laufen (läuft davon, lief davon, ist davongelaufen) to run away

doch anyway **doch wohl** can't you? aren't you?

dünn thin; weak

eigentlich (*except when in a question*) really
erinnern an to remind of
Fräulein: *used in addressing a waitress*
gar quite   **ganz und gar** entirely
gefällig? would you like?
das **Getränk** (–s, –e) beverage; *here:* order
heute abend tonight
das **Kino** (–s, –s) movie; show
können: wir könnten (*subj.*) we could
los loose   **Was ist denn los?** What's the matter?
null zero   **sechs zu null** six love
nun well
regnen to rain
schade: es ist schade it's too bad
schweigen to be silent   **Schweigen wir**

lieber davon! Let's not speak about it!
der **Spa'nischprofes'sor** (–s, –professo'ren), professor of Spanish (Spanish professor)
das **Spiel** (–es, –e) game
sprachlos speechless
stehen: Wie stand das Spiel? What was the score?
das **Tennisspielen** playing tennis
tun (tat, getan) to do   **Coca-Cola tut's auch!** Coca-Cola will do!
verdursten to die of thirst
vor-haben: etwas vorhaben to have an engagement, have something on
weh: O weh! Oh! Oh!
der **Wein** (–s, –e) wine
wohl I suppose
das **Wohl: Zum Wohl!** (To) your health!

13   Im Geschäftsviertel

Beschreibung (13-a)

Unsere Freunde haben sich vor dem Café verabschiedet. Fräulein Schneider und Fräulein Fischer sind in die Bibliothek gegangen, und Herr Schmidt und Herr Weber sind mit dem Omnibus ins Geschäftsviertel gefahren. Hier sind sie ausgestiegen, denn Herr Weber
5 will seinen Eltern etwas mitbringen.

In dieser Straße sind hauptsächlich Warenhäuser und Läden. Öffentliche Gebäude wie das Rathaus, die Post, der Bahnhof und das Krankenhaus sind in anderen Stadtteilen.

In der Hauptstraße ist viel Verkehr. Links ist ein dreistöckiges
10 Haus mit einem Schuhladen. Hier kann man weiße, braune oder schwarze Straßenschuhe, Gummischuhe und Hausschuhe kaufen. Für Damen sind Spangenschuhe, Tanzschuhe und Überschuhe ausgestellt.

Rechts daneben liegt ein achtstöckiges Warenhaus. In den zwei
15 Schaufenstern sind Kleidungstücke ausgestellt. Im linken finden wir Herrenkleidung wie z.B. Anzüge, Hemden, Socken, Krawatten, Hüte usw. Ein Anzug besteht aus einer Hose, einer Weste und einer Jacke. Im rechten Schaufenster ist Damenkleidung ausgestellt; ein Regenmantel, ein Sommermantel, ein Wintermantel, ein paar
20 Straßenkleider, ein Abendkleid und einige Hauskleider; ferner eine Bluse, ein Paar Strümpfe, Handschuhe usw.

Ganz rechts liegt ein Hochhaus. Hier haben Ärzte und Zahnärzte ihre Sprechzimmer und Rechtsanwälte ihre Büros. Im Erdgeschoß sind zwei Läden. Es sind ein Zigarrenladen und ein Blumen-
25 laden, wo man Rosen, Veilchen, Gardenien und Orchideen kaufen kann. Hans und Paul sind im Zigarrenladen. Hans kauft seinem Vater eine Kiste Zigarren. Am Bürgersteig haben drei Autobesitzer ihre Autos geparkt. Neben der Laterne steht ein Schutzmann mit einem Gummiknüppel.

Das Vaterunser

Vater unser im Himmel, geheiligt werde dein Name.
Dein Reich komme. Dein Wille geschehe, wie im
Himmel, so auf Erden. Unser tägliches Brot gib
uns heute. Und vergib uns unsere Schuld, wie
auch wir vergeben unsern Schuldigern. Und
führe uns nicht in Versuchung, sondern erlöse
uns von dem Bösen. Denn dein ist das Reich und
die Kraft und die Herrlichkeit in Ewigkeit.

Amen.

Das Apostolische Glaubensbekenntnis

Ich glaube an Gott den Vater, den Allmächtigen, Schöpfer Himmels und der Erde. Und an Jesus Christus, Gottes eingeborenen Sohn, unsern Herrn, der empfangen ist vom Heiligen Geist, geboren von der Jungfrau Maria, gelitten unter Pontius Pilatus, gekreuziget, gestorben und begraben, niedergefahren zur Hölle, am dritten Tage auferstanden von den Toten, aufgefahren gen Himmel, sitzend zur Rechten Gottes, des allmächtigen Vaters, von dannen er kommen wird, zu richten die Lebendigen und die Toten. Ich glaube an den heiligen Geist; eine heilige christliche Kirche, die Gemeinde der Heiligen; Vergebung der Sünden; Auferstehung des Fleisches und ein ewiges Leben. Amen.

WORTSCHATZ (13-a)

das **Abendkleid** (–s, –er) evening gown
achtstöckig eight-story
der **Anzug** (–s, ⸺e) suit
der **Arzt** (–es, ⸺e) doctor
aus-steigen (stieg aus, ist ausgestiegen) to get off
aus-stellen to display   **sind ausgestellt** are on display
der **Autobesitzer** (–s, –) car owner
bestehen aus to consist of
die **Bluse** (–n) blouse
braun brown
das **Büro'** (–s, –s) office
die **Damenkleidung** women's clothing
dreistöckig three-story
ferner furthermore
die **Garde'nič** (–n) gardenia
der **Gummiknüppel** (–s, –) (policeman's) club
der **Gummischuh** (–s, –e) rubber (overshoe)
der **Handschuh** (–s, –e) glove
hauptsächlich chiefly, above all
die **Hauptstraße** (–n) main street
das **Hauskleid** (–es, –er) house dress
der **Hausschuh** (–s, –e) house shoe
die **Herrenkleidung** men's clothing
das **Hochhaus** (–es, ⸺er) skyscraper
höher (*comp. of* **hoch**) higher
die **Hose** (–n) trousers
die **Jacke** (–n) coat
die **Kiste** (–n) (wooden) box

die **Kleidungsstücke** (*pl.*) wearing apparel
das **Krankenhaus** (–es, ⸺er) hospital
die **Later'ne** (–n) street light
mit-bringen to take along
öffentlich public
die **Orchide'ě** (–n) orchid
das **Paar** (–es, –e) pair
parken to park
die **Post** post office
das **Rathaus** (–es, ⸺er) city hall
der **Rechtsanwalt** (–s, ⸺e) lawyer
der **Regenmantel** (–s, ⸺) raincoat
die **Rose** (–n) rose
das **Schaufenster** (–s, –) show window
der **Schuhladen** (–s, ⸺) shoe store
der **Schutzmann** (–s, –leute) policeman
der **Sommermantel** (–s, ⸺) topcoat
der **Spangenschuh** (–s, –e) strap shoe
das **Sprechzimmer** (–s, –) office
der **Stadtteil** (–s, –e) district
das **Straßenkleid** (–s, –er) street dress
der **Straßenschuh** (–s, –e) street shoe
der **Strumpf** (–es, ⸺e) stocking, hose
der **Tanzschuh** (–s, –e) dance slipper
der **Überschuh** (–s, –e) galosh
das **Veilchen** (–s, –) violet
das **Warenhaus** (–es, ⸺er) department store
weiß white
die **Weste** (–n) vest
der **Wintermantel** (–s, ⸺) overcoat

Gespräch (13-b): PAUL SCHMIDT, HANS WEBER

HANS: Steigen wir hier aus?
PAUL: Jawohl!

HANS: Wo sind wir jetzt?

PAUL: In der Hauptstraße; im Geschäftsviertel.

HANS: Sie haben hier schöne, große Gebäude.

PAUL: Das Gebäude rechts vor Ihnen ist das höchste in der Stadt.

5 HANS: Das ist wirklich ein Hochhaus. Ist es ein Warenhaus?

PAUL: Nein. Nur im Erdgeschoß sind zwei Läden; sonst finden Sie dort nur Büros für Rechtsanwälte und Sprechzimmer für Ärzte und Zahnärzte.

HANS: Ich nehme an, daß Ihr Vater sein Sprechzimmer in diesem

10 Gebäude hat.

PAUL: Ja, im achten Stock. Wollen wir über die Straße gehen? Sie wollen doch Ihren Eltern etwas mitbringen.

HANS: Können Sie einen Vorschlag machen?

PAUL: Raucht Ihr Vater?

15 HANS: Ja, er ist ein starker Raucher.

PAUL: Wie wär's mit einer Kiste Zigarren?

HANS: Ich muß erst mal nachsehen, ob ich noch genug Geld habe.

PAUL: Ich kann Ihnen etwas leihen, wenn Sie nicht genug haben.

HANS: Danke, ich habe noch genug. Mein Vater hat mir schon

20 mein Taschengeld für nächsten Monat gegeben.

PAUL: Gut. Wissen Sie, welche Marke er raucht?

HANS: Nein.

PAUL: Na, wir werden schon etwas finden.

HANS: Aber was kann ich meiner Mutter mitbringen?

25 PAUL: Hier ist ein Laden für Damenkleidung.

HANS: Aber ich sehe nichts als Kleider, Strümpfe und Handschuhe.

PAUL: Ha! Ha! Sehen Sie sich mal den Hut da an!

HANS: Nennen Sie so ein komisches Ding einen Hut?

PAUL: Ihre Mutter raucht wohl nicht?

30 HANS: Nein; aber was meinen Sie zu einem Taschentuch?

PAUL: Das ist ein guter Gedanke. Sie wird sich gewiß darüber freuen.

HANS: Warten Sie bitte einen Augenblick!

PAUL: Wo wollen Sie denn hin? Der Eingang zum Laden ist hier.

35 HANS: Ich will in den Blumenladen nebenan gehen.

PAUL: Was wollen Sie denn dort?

HANS: Mir ist eben etwas eingefallen. — Ich komme gleich wieder.

WORTSCHATZ (13-b)

als: nichts als nothing but

an-nehmen to suppose

darü'ber about it

das Ding (–es, –e) thing

doch don't you?

ein-fallen (fällt ein, fiel ein, ist eingefallen) to occur **Mir ist eben etwas eingefallen.** I just thought of something.

der Eingang (–s, ‑e) entrance

sich freuen über to be happy about

der Gedanke (–ns, –n) thought, idea

das Geld (–es) money

gewiß no doubt

höchst- highest

jawohl yes, indeed

das Kleid (–es, –er) dress

komisch funny

leihen (lieh, geliehen) to lend

mal: Sehen Sie sich mal...an! Just look at...!

die Marke (–n) brand

meinen to think

der Monat (–s, –e) month

nach-sehen to look and see

nebenan' next door

nichts nothing

der Raucher (–s, –) smoker

schon already **Wir werden schon etwas finden.** We'll find something all right.

sein to be **Wie wär's mit...?** How about...?

stark strong **starker Raucher** heavy smoker

das Taschengeld (–es) (*weekly or monthly*) allowance

der Vorschlag (–s, ‑e) suggestion

wieder-kommen (ist) to come back; to be back

wohl probably

14

Vor dem Kino

Beschreibung (14-a)

Ein Student hat immer viel zu tun. Jeden Tag hat er etwas auf.
Für seine Stunden muß er immer etwas auswendig lernen, Sätze
übersetzen, Aufsätze schreiben, viele Bücher lesen usw. Nach der
Arbeit muß er dann auch etwas Abwechslung haben. Dann geht
5 er gern mit einem Freund oder einer Freundin ins Kino. Manche
Studenten gehen zwei- bis viermal die Woche; andere wieder können
nur einmal im Monat gehen. Manche haben viel Zeit und viel Geld,
andere haben keine Zeit und oft auch wenig Geld. So geht's im
Leben!

10 Nach dem Abendbrot haben sich unsere Freunde vor dem Kino
getroffen. Die jungen Damen stehen vor dem Schaukasten und
sehen sich die Bilder an. Herr Schmidt kauft vier Karten, und
Herr Weber kommt gerade aus dem Schokoladengeschäft, wo er
Schokolade und Bonbons gekauft hat.

15 Über dem Eingang des Kinos ist ein großes Glasdach mit vielen
bunten elektrischen Birnen. In großen Buchstaben wird der Name
des Films und des Filmsterns angegeben. Am Gebäude ist auch ein
langes, hell erleuchtetes Schild mit dem Namen des Lichtspielhauses.
Links und rechts am Gebäude ist je ein Schaukasten mit einigen
20 Bildern aus dem Film, der gerade gezeigt wird. Zwischen den Ein-
gangstüren ist die Kasse. Hier kauft man die Karten.

Links auf dem Bürgersteig sehen wir einen Herrn. Er führt einen
kleinen Hund an der Leine. An einem Zeitungsstand steht ein
kleiner Junge. Er verkauft die Abendausgabe verschiedener Zei-
25 tungen und auch illustrierte Zeitschriften. Eine Taxe ist eben vorge-
fahren. Eine Dame ist ausgestiegen und bezahlt den Fahrpreis.
Jetzt ist die Taxe frei.

WORTSCHATZ (14-a)

die **Abendausgabe** (–n) evening edition
die **Abwechslung** (–en) change
an-geben to indicate   wird angegeben
is shown
auf-haben to have to do   etwas auf-
haben to have homework to do
der **Aufsatz** (–es, ⸗e) theme
aus-steigen (ist) to get out
die **Birne** (–n) pear; bulb; light
das **Bonbon'** (–s, –s) hard candy
der **Buchstabe** (–n, –n) letter
bunt gay-colored
die **Eingangstür** (–en) entrance door
einmal once
erleuchtet (*p.p.*) illuminated
der **Fahrpreis** (–es, –e) fare
der **Film** (–es, –e) film
der **Filmstern** (–s, –e) film star
führen to lead   an der **Leine führen**
to have on a leash
gehen (ist) to go   So gehts im Leben!
Such is life!

das **Glasdach** (–es, ⸗er) glass roof, canopy
hell bright(ly)
illustriert' (*p.p.*) illustrated
die **Karte** (–n) ticket (*of admission*)
die **Kasse** (–n) ticket window
die **Leine** (–n) leash
das **Lichtspielhaus** (–es, ⸗er) motion-
picture theater
mancher, manche, manches many a
der **Satz** (–es, ⸗e) sentence
der **Schaukasten** (–s, ⸗) showcase
das **Schild** (–es, –er) sign
das **Schokola'dengeschäft** (–s, –e)
candy store
überset'zen to translate
viermal four times
vor-fahren (ist) to drive up
zeigen to show   wird gezeigt is (being) shown
der **Zeitungsstand** (–es, ⸗e) newsstand

Gespräch (14-b): PAUL SCHMIDT, HANS WEBER, KÄTE SCHNEIDER, RITA FISCHER

HANS: Wie lange hat die Vorstellung gedauert?

PAUL: Es ist gleich zehn Uhr; sie hat also ungefähr zwei Stunden
gedauert.

RITA: Nach der vielen Schularbeit war es eine angenehme Abwechslung.   5

HANS: Wie oft gehen Sie ins Kino?

RITA: Nicht oft; höchstens zweimal die Woche.

KÄTE: Die Schokolade und die Bonbons haben sehr gut geschmeckt,
Herr Weber.

HANS: Das freut mich.

PAUL: Wie hat Ihnen der deutsche Film gefallen, meine Damen?

KÄTE: Sehr gut.

RITA: Ich habe fast alles verstanden.

5 KÄTE: Manchmal mußte mir Herr Schmidt einige Sätze übersetzen.

PAUL: Ich will mal sehen, ob die Morgenausgabe schon heraus ist.
        Entschuldigen Sie mich bitte einen Augenblick!

KÄTE: Ich komme mit.

RITA: Warum machen Sie so ein trauriges Gesicht, Herr Weber?

10 HANS: Ich habe eben daran gedacht, daß ich mich nun bald von
        Ihnen verabschieden muß.

RITA: „Alles Gute hat ein Ende!"

HANS: Leider! Haben Sie sich heute wirklich gut amüsiert?

RITA: Ich werde den Tag nie vergessen.

15 HANS: Das sagen Sie nur im Scherz.

RITA: Im Gegenteil.

HANS: Meinen Sie es wirklich?

RITA: Ganz gewiß.

HANS: Ich komme nächsten Herbst wieder.

20 RITA: Wollen Sie hier zur Schule gehen?

HANS: Ja, ich werde auch versuchen, in die Fußballmannschaft
        hineinzukommen.

RITA: Wann fährt Ihr Zug morgen früh?

HANS: Acht Uhr fünfzehn.

25 RITA: Ich würde ganz gerne an den Zug kommen, Herr Weber.

HANS: Wirklich? — Aber ich lasse Sie nur kommen, wenn Sie mich
        Hans nennen; es ist viel leichter zu sagen.

RITA: Und Rita ist auch leichter.

HANS: Sie haben — du hast recht, Rita.

WORTSCHATZ (14-b)

daran' of it

fahren (ist) to leave

sich freuen to be glad **Das freut mich.** I'm glad.

ganz quite **Ganz gewiß.** Certainly I do.

das Gegenteil (–s, –e) contrary **Im Gegenteil.** On the contrary.

das **Gesicht** (–s, –er) face **Warum
machen Sie so ein trauriges Gesicht?**
Why do you look so sad?

gleich immediately **gleich zehn Uhr**
almost ten o'clock

das **Gute: „Alles Gute hat ein Ende!"**
"All good things come to an end!"

heraus' out

hinein'-kommen (ist) to get into;
here: to get on

leicht easy; simple

die **Morgenausgabe** (–n) morning edition

morgen früh tomorrow morning

nun now **nun bald** very soon

der **Scherz** joke **Das sagen Sie nur
im Scherz.** You don't really mean
that.

traurig sad

versuchen to try

viel much **nach der vielen Schularbeit** after all the homework

die **Vorstellung** (–en) performance

wollen: ich will mal sehen I'm going to see; let's see

15   Im Bahnhof

Beschreibung (15-a)

Hans muß nun wieder nach Hause fahren. Er fährt mit dem Morgenzug. Sein Zug fährt pünktlich acht Uhr fünfzehn ab. Er hat sich hier keine Fahrkarte gelöst, denn er hat eine Rückfahrkarte. Die beiden Freunde stehen auf dem Bahnsteig und warten auf Rita.
5 Sie hat versprochen, an den Zug zu kommen. Es ist schon zwölf Minuten nach acht, und sie ist noch nicht da. Hans hat eine Schachtel in der Hand, in der eine Orchidee ist. Sein Handkoffer steht neben ihm.

Der Zug steht auf Bahnsteig eins. Wir sehen einen Eisenbahn-
10 wagen. An der Tür steht der Diener. Eine Dame steigt gerade ein. Der Gepäckträger folgt ihr mit dem Koffer. Sie wird ihm Trinkgeld geben. Eine Frau verabschiedet sich von ihrem Mann. Das Gepäck im Vordergrund gehört ihr. Sie macht wahrscheinlich eine lange Reise. Ganz hinten kommen noch drei Fahrgäste. Sie
15 haben kein Gepäck, denn sie wollen nur eine kurze Reise machen.

Am Bahnsteig zwei steht kein Zug. Wir sehen die Schienen. Eine elegante junge Dame ist auf Bahnsteig drei angekommen. Sie hat viel Gepäck. Der Gepäckträger konnte nicht alles tragen. Er hat es auf einen Karren geladen und schiebt ihn jetzt auf die Straße
20 bis zu einer Taxe. Die junge Dame trägt ihre Hutschachtel selbst. Sie geht zur Fernsprechzelle, um ihre Mutter anzurufen. Jetzt ruft der Beamte: „Einsteigen!" — und Rita ist noch nicht da!

WORTSCHATZ (15-a)

ab-fahren (ist) to leave
an-rufen to call up
der **Bahnsteig** (–s, –e) platform, track

der **Beamte** (–n, –n) official; conductor
da here **ist noch nicht da** hasn't arrived yet

86

der **Diener** (–s, –) servant; *here:*
Pullman porter
ein-steigen (ist) to board the train
„**Einsteigen!**" "All aboard!"
der **Eisenbahnwagen** (–s, –) railroad
coach
elegant' smartly dressed
der **Fahrgast** (–s, ⸚e) passenger
die **Fahrkarte** (–n) railroad ticket
die **Fernsprechzelle** (–n) telephone
booth
folgen to follow
ganz entirely **ganz hinten** 'way
towards the back
das **Gepäck** (–s) baggage
der **Gepäckträger** (–s, –) porter, redcap
der **Handkoffer** (–s, –) suitcase

hinten behind; in the back
die **Hutschachtel** (–n) hatbox
der **Karren** (–s, –) (baggage) cart
der **Koffer** (–s, –) trunk; large suitcase
laden (lud, geladen) to load
lösen to buy (*a railroad ticket*)
der **Mann** (–es) husband
der **Morgenzug** (–s, ⸚e) morning
train
die **Reise** (–n) trip
rufen (rief, gerufen) to call
die **Rückfahrkarte** (–n) return ticket
schieben (schob, geschoben) to push
die **Schiene** (–n) rail
selbst herself
versprechen (verspricht, versprach,
versprochen) to promise

Gespräch (15-b): PAUL SCHMIDT, HANS WEBER

PAUL: Denken Sie wirklich, daß Rita kommen wird?

HANS: Sie hat es mir versprochen.

PAUL: Na, dann wird sie schon kommen.

HANS: Mein Zug fährt gleich ab. Die meisten Fahrgäste sind schon
eingestiegen.   5

PAUL: Bringen Sie doch wenigstens Ihren Handkoffer in den
Wagen!

HANS: Ich kann jetzt nicht mehr weggehen. In drei Minuten
fährt mein Zug ab.

PAUL: Geben Sie ihn dann dem Diener!   10

HANS: Denken Sie, daß ich sie anrufen sollte? Dort ist eine Fernsprechzelle.

PAUL: Das würde ja doch nichts nützen. Entweder schläft sie noch,
oder sie ist auf dem Weg hierher.

HANS: Ich kann das einfach nicht verstehen.   15

PAUL: Was haben Sie denn da eigentlich in der Schachtel?

HANS: Etwas für Rita.

PAUL: Sieht wie Blumen aus.

HANS: Ja, es ist eine Orchidee.

PAUL: Haben Sie die gestern nachmittag gekauft?

5 HANS: Ja. Ich wollte sie Rita gestern abend vor dem Kino geben, und in der Eile habe ich sie in Ihrem Zimmer liegen lassen.

PAUL: Sehen Sie sich mal die elegante Dame an!

HANS: Rita?

PAUL: Ach nein! Diese Dame kommt wahrscheinlich gerade aus
10   Hollywood. Der arme Gepäckträger!

HANS: Ich kann das einfach nicht verstehen. — „Aus den Augen, aus dem Sinn!"

PAUL: Sie müssen jetzt aber einsteigen, sonst verpassen Sie noch den Zug.

15 HANS: Das darf ich nicht. Können Sie mir ihre Adresse schicken?

PAUL: Gerne. Nun aber schnell! Auf Wiedersehen! Kommen Sie bald wieder!

HANS: Sobald ich kann.

PAUL: Soll ich Rita die Orchidee geben?

20 HANS: Nein! Jetzt bin ich böse auf sie. Ich nehme sie meiner Mutter mit.

PAUL: Ihre Mutter wird sich aber wundern.

HANS: Auf Wiedersehen und besten Dank für Ihre Gastfreund-schaft!

25 PAUL: Auf Wiedersehen!

WORTSCHATZ (15-b)

die Adres'se (–n) address

arm poor

das Auge (–s, –n) eye „Aus den Augen, aus dem Sinn!" "Out of sight, out of mind!"

böse auf angry with

bringen to take

der Dank: Besten Dank! Thank you very much!

doch: Bringen Sie doch wenig-stens . . . ! Why don't you at least take . . . ?

dürfen: Das darf ich nicht. I mustn't do that.

einfach (*adv.*) simply

entweder ... oder either ... or

die Gastfreundschaft hospitality

gestern nachmittag yesterday afternoon

gleich very soon, in a moment

hierher' here (her *expresses motion toward the speaker*)

lassen to leave

mehr: nicht mehr not ... any more

meist- most of

mit-nehmen to take along

nützen to be of use Das würde ja doch nichts nützen. That wouldn't do any good anyway.

schlafen to be asleep

der Sinn (–es, –e) mind

sobald' as soon as

sollen: sollte should

der Wagen (–s, –) (railroad) coach

weg-gehen (ist) to go away, leave

wenigstens at least

sich wundern to be surprised

Ergänzung
Weitere Gespräche

Gespräch 1-c: PAUL SCHMIDT, HANS WEBER

HANS: Wann sind Sie eigentlich gestern abend zu Bett gegangen?
PAUL: Ungefähr um halb eins.
HANS: Haben Sie so lange gearbeitet?
PAUL: Ja, ich hatte sehr viel auf.
5 HANS: Ich bin gleich eingeschlafen. Ich war furchtbar müde.
PAUL: Wie geht es Ihren Eltern?
HANS: Danke, gut. Ich habe Sie noch gar nicht gefragt, wie es
Ihren Eltern geht.
PAUL: Danke, sie sind wohl und munter.
10 HANS: Sie haben wirklich ein schönes Zimmer.
PAUL: Mir gefällt es. Hier stört mich niemand.
HANS: Jetzt will ich aber gleich erst meinen Handkoffer auspacken.
PAUL: Legen Sie Ihre Sachen in eine von meinen Schubladen!
HANS: Danke. — Ist die Schreibmaschine neu?
15 PAUL: Ja, ich habe sie erst seit einem Monat.
HANS: Ich wünschte, ich hätte auch eine!
PAUL: Leider kann ich noch nicht sehr gut tippen. Ich gebrauche
nur zwei Finger.
HANS: Na, mein Vater sagt immer: „Übung macht den Meister!"
20 PAUL: Ich glaube, er hat recht.
HANS: Wissen Sie schon, was Ihr Hauptfach sein wird?
PAUL: Ich habe mich noch nicht entschlossen. Ich weiß noch nicht,
ob ich Arzt oder Rechtsanwalt werden will.
HANS: Ich will Lehrer werden. Das muß doch ein angenehmer
25 Beruf sein.
PAUL: Haben Sie Kinder lieb?
HANS: Kinder? Ich brauche keine Kinder lieb zu haben. Ich will
in einem College lehren.

WORTSCHATZ (1-c)

aus-packen to unpack
der Beruf (–s, –e) profession
sich entschließen (entschloß, entschlossen) to decide
die Ergänzung (–en) supplement
der Finger (–s, –) finger
gebrauchen to use
das Hauptfach (–s, ¨er) major, field of concentration
legen to lay, put
lieb haben to be fond of

die Sachen (*pl.*) things
so lange that long
die Übung (–en) practice „Übung macht den Meister!" "Practice makes perfect!"
weiter further
wohl well **wohl und munter** hale and hearty; very well
wünschen to wish **ich wünschte** (*subj.*) I wish

Gespräch 2-C: PAUL SCHMIDT, HANS WEBER

HANS: Müssen wir uns beeilen, oder haben wir Zeit?

PAUL: In einer halben Stunde müssen wir hier weggehen.

HANS: Wo soll ich mich hinsetzen?

PAUL: Wohin Sie wollen.

HANS: Essen Ihre Eltern nicht mit uns? 5

PAUL: Nein, sie haben schon gegessen.

HANS: Hier sind so viele gute Dinge zu essen, daß man gar nicht weiß, wo man anfangen soll.

PAUL: Bitte lassen Sie sich nicht nötigen! Langen Sie zu!

HANS: Das werde ich mir nicht zweimal sagen lassen. 10

PAUL: Die Spiegeleier schmecken ausgezeichnet, nicht wahr?

HANS: Ja, und der Speck schmeckt auch sehr gut.

PAUL: Wir essen jeden Morgen Eier zum Frühstück.

HANS: Essen Sie Spiegeleier so gern?

PAUL: Das nicht gerade. Morgen gibt es gekochte Eier und über- 15 morgen Rührei.

HANS: Darf ich noch um eine Tasse Kaffee bitten?

PAUL: Gerne. Sahne und Zucker stehen neben Ihnen. Bedienen Sie sich!

HANS: Danke. Trinken Sie Ihren Kaffee schwarz? 20

PAUL: Nein. Ich nehme Sahne und zwei Stück Zucker.

HANS: Die Möbel hier sind sehr modern. Die können Sie noch nicht lange haben.

PAUL: Seit ungefähr drei Jahren.

5 HANS: Ach, wie dumm von mir. Jetzt habe ich einen Fleck auf das schöne, weiße Tischtuch gemacht.

PAUL: O, das ist nicht so schlimm. Das passiert mir auch manchmal.

WORTSCHATZ (2-C)

sich **bedienen** to help oneself
bitten um (bat, gebeten) to ask for
dumm stupid
das **Ei** (–es, –er) egg
der **Fleck** (–es, –e) spot
gekocht (*p.p.*) boiled
sich **hin-setzen** to sit down **Wo soll ich mich hinsetzen?** Where shall I sit?
nötigen to press (*a guest*) to help himself **Bitte lassen Sie sich nicht**

nötigen! Please don't wait to be asked!
das **Rührei** (–s, –er) scrambled egg
sagen to say, tell **Das werde ich mir nicht zweimal sagen lassen.** You won't have to tell me that twice.
schlimm bad
das **Stück** (–es, –e) piece
übermorgen day after tomorrow
wohin' where **Wohin sie wollen.** Wherever you wish.

Gespräch 3-C: PAUL SCHMIDT, HANS WEBER

PAUL: Wollen Sie nicht Platz nehmen?

HANS: Noch nicht. Ich habe zu viel gegessen.

PAUL: Kennen Sie das Sprichwort: „Nach dem Essen sollst du stehn oder tausend Schritte gehn"?

5 HANS: Ja, das habe ich von meinem Vater gelernt.

PAUL: Wie wär's mit einer Zigarette, oder rauchen Sie nicht?

HANS: Doch; zu viel. Danke, ich habe meine eigenen hier. Möchten Sie eine?

PAUL: Danke. Ich rauche lieber meine eigene Marke. Ich sehe, 10   Sie rauchen Zigaretten mit Korkmundstück?

HANS: Ja. Wollen Sie eine probieren?

PAUL: Wenn Sie eine von meinen nehmen.

HANS: Na ja, danke bestens. — Gehen wir zu Fuß in die Schule?

PAUL: Das wäre zu weit. Wir fahren mit dem Omnibus.

HANS: Und wie lange dauert die Fahrt?

PAUL: Ungefähr zwanzig Minuten. 5

HANS: Ist es Zeit zu gehen?

PAUL: Ich will mal sehen, wie spät es ist.

HANS: Nach Ihrer Uhr da ist es fünf Minuten vor halb neun. Geht Ihre Uhr richtig?

PAUL: Nicht immer; ich will lieber das Radio anstellen. 10

HANS: Ach, ich glaube, es wird regnen.

PAUL: Das wäre schade.

HANS: Vielleicht bekommen wir gar ein Gewitter.

PAUL: Nein, es sind nur ein paar dunkle Wolken.

HANS: Vielleicht sollten wir trotzdem unsere Regenmäntel mit- 15
nehmen.

PAUL: Ach, das wird nicht nötig sein.

WORTSCHATZ (3-c)

danke bestens thank you very much

doch: *used in place of* ja *to answer a negative question affirmatively when a negative answer is expected. Translate with* Oh, yes, I do!

eigen own

das Essen (–s) meal „Nach dem Essen sollst du stehen oder tausend Schritte gehn." After eating you are supposed to stand up or take a thousand steps. *Similar to:* "After dinner sit awhile, after supper walk a mile."

der Fuß (–es, ≠e) foot **zu Fuß** on foot

gar even

gehen to go **Geht Ihre Uhr richtig?** Is your clock right?

das Gewitter (–s, –) thunderstorm

das Korkmundstück (–s, –e) cork tip

lieber (*comp. of* gern) rather **ich will lieber . . .** I had better . . .

Na ja All right then

nötig necessary

probie'ren to try

trotzdem nevertheless, just the same

weit far

die Wolke (–n) cloud

Gespräch 4-c: PAUL SCHMIDT, HANS WEBER

PAUL: Schade, daß wir nicht in unserem Wagen fahren können!

HANS: Fahren Sie Ihr Auto selbst?

PAUL: Schon seit fünf Jahren. Aber meine Mutter spielt heute nachmittag Bridge, und sie hat zwei Damen versprochen,
5   sie abzuholen.

HANS: Das macht nichts. Wir können ja auch zu Fuß gehen. Nach so einem guten Frühstück muß man sich etwas Bewegung machen.

PAUL: Wir werden nur eine kurze Strecke zu Fuß gehen, dann
10   fahren wir mit dem Omnibus.

HANS: In welcher Richtung müssen wir gehen?

PAUL: Wir folgen der Goethestraße, biegen dann rechts ab in die Lincolnstraße und nehmen dann die dritte Straße links bis zur Omnibus-Haltestelle.

15 HANS: Wieviel Einwohner hat die Stadt?

PAUL: Ungefähr fünfundsechzigtausend; aber wir wohnen hier in einem Vorort.

HANS: Ich wünschte, ich könnte auch in einem Einfamilienhaus wohnen.

20 PAUL: Das hat seine Vorteile und seine Nachteile.

HANS: Wieso Nachteile?

PAUL: Würden Sie gern den Rasen mähen?

HANS: Ach, daran habe ich nicht gedacht.

PAUL: Mein Vater denkt leider viel zu oft daran.

25 HANS: Soll ich heute nachmittag den Rasen für Sie mähen?

PAUL: Aber bitte! Ich habe nichts dagegen.

HANS: Mir macht das Spaß.

WORTSCHATZ (4-c)

ab-biegen (bog ab, ist abgebogen) to turn off

die Bewegung movement **sich etwas**

Bewegung machen to take some exercise

dritt- third

der **Einwohner** (–s, –) inhabitant
machen to make **Das macht nichts.**
That doesn't matter.
mähen to mow, cut
der **Nachteil** (–s, –e) disadvantage
der **Rasen** (–s) lawn, grass

der **Spaß** fun **Mir macht das Spaß.**
I think that's fun.
die **Strecke** (–n) distance
der **Vorort** (–s, –e) suburb
der **Vorteil** (–s, –e) advantage
Wieso'? But why?

Gespräch 5-c: PAUL SCHMIDT, HANS WEBER, KÄTE SCHNEIDER

HANS: Der Verkehr ist schon sehr rege.

PAUL: Natürlich!   Sie sind doch in der Stadt.

KÄTE: Die Fahrzeuge machen viel Lärm.

PAUL: Hauptsächlich die Hochbahn.

HANS: Können wir nicht mit der Hochbahn fahren?   5

KÄTE: Dann müssen wir zu weit gehen.

HANS: Aber mit der Straßenbahn könnten wir doch wohl fahren?

PAUL: Ja, aber der Omnibus fährt viel schneller.

KÄTE: Nachmittags ist hier an der Kreuzung noch viel mehr Verkehr.   10

PAUL: Dann steht sogar ein Verkehrsschutzmann an der Kreuzung.

HANS: Ist das nötig?   Hier sind doch Verkehrslichter.

KÄTE: Ja, aber die Fußgänger sind oft sehr unvorsichtig.

PAUL: Haben Sie heute viele Stunden, Fräulein Schneider?

KÄTE: Heute vormittag habe ich Englisch und Psychologie und   15
heute nachmittag Mathematik.

HANS: Ist das hier das Geschäftsviertel?

KÄTE: Eigentlich nicht.   Weiter südlich finden Sie die großen
Warenhäuser.

PAUL: In dieser Gegend hier sind nur ein paar kleine Läden und   20
Mietshäuser.

HANS: Ich nehme an, daß Ihre Mutter hierher einkaufen geht.

KÄTE: Sie kauft hier Kaffee, Zucker, Fleisch und so weiter.

HANS: In dem Blumenladen da drüben kaufen Sie wohl immer
Ihre Blumen für Fräulein Schneider, Herr Schmidt?   25

PAUL: Sie können aber auch alles erraten!

Sag's auf deutsch!

WORTSCHATZ (5-c)

auch also   Sie können aber auch alles erraten! Goodness, you can guess everything, can't you?

doch: Sie sind doch in der Stadt. You are in the city, you know.

eigentlich: Eigentlich nicht. Not actually.

erraten (errät, erriet, erraten) to guess

die Gegend (–en) neighborhood

heute vormittag this morning

die Kreuzung (–en) crossing

der Lärm (–s) noise

rege lively; heavy

südlich (to the) south

unvorsichtig careless

der Verkehrsschutzmann (–s, –leute) traffic policeman

Gespräch 6-c: PAUL SCHMIDT, HANS WEBER

HANS: Wieviel Studenten sind in diesem College?

PAUL: Das kann ich Ihnen nicht genau sagen. Ich habe irgendwo mal die Zahl viertausend gelesen.

HANS: Wo sind eigentlich die Verbindungshäuser?

5 PAUL: Nördlich von hier sind die Verbindungshäuser für die Jungen, und westlich von hier sind die Verbindungshäuser für die Mädchen.

HANS: Das Gebäude da vor uns sieht ziemlich alt aus. Es ist wohl das älteste Gebäude?

10 PAUL: Nein, nicht das älteste, aber gewiß eins von den ältesten. Es ist das Verwaltungsgebäude.

HANS: Dort bezahlen Sie sicherlich Ihr Schulgeld.

PAUL: Leider! Der Dekan und der Präsident haben ihre Amtszimmer dort.

15 HANS: Geht die Uhr richtig?

PAUL: Wahrscheinlich nicht. Ich ärgere mich immer über diese Uhr; sie geht meistens nach.

HANS: Das Gebäude links muß die Bibliothek sein.

PAUL: Ist es nicht ein herrliches Gebäude?

20 HANS: Ich möchte sie mir auch drinnen ansehen.

PAUL: Das können Sie nach der Deutschstunde tun.

HANS: Wie weit müssen wir denn noch gehen?

PAUL: Wir sind gleich da.

HANS: Hören Sie mal, wo sollen wir uns eigentlich zum Mittagessen treffen?

PAUL: Ich werde mit Fräulein Schneider im Studentenheim essen.
Kommen Sie mit!   5

HANS: Ich will aber nicht das fünfte Rad am Wagen sein.

PAUL: Nein, nein!   Sie stören uns nicht.

WORTSCHATZ (6-c)

ältest- (*sup. of* **alt**) oldest
sich ärgern über to be provoked at
drinnen within **Ich möchte sie mir
auch drinnen ansehen.** I should
like to see it from the inside too.
genau exactly
irgendwo somewhere
mal: Hören Sie mal! Listen!

nach-gehen (ist) to be slow (*referring
to a clock*)
das Rad (–es, ⸚er) wheel **Ich will
aber nicht das fünfte Rad am Wagen sein.** But I don't want to be
the fifth wheel on the cart.
das Schulgeld (–es) tuition
die Zahl (–en) number, figure

Gespräch 7-c: PAUL SCHMIDT, HANS WEBER

HANS: Nach welcher Methode lernen Sie Deutsch sprechen?

PAUL: Jede Aufgabe in unserem Buch besteht aus drei Teilen. Im
ersten Teil wird ein Bild besprochen.

HANS: Besprechen Sie das Bild auf deutsch?

PAUL: Aber natürlich; wir stellen Fragen und beantworten sie.   5

HANS: Wovon handelt der zweite Teil?

PAUL: Er besteht aus einem Gespräch zwischen zwei bis vier Personen. Dieses Gespräch lernen wir auswendig.

HANS: Ist es nicht schwer, ein ganzes Gespräch auswendig zu
lernen?   10

PAUL: Nein. Man gewöhnt sich daran. Es macht viel Spaß, wenn
man gut Deutsch sprechen kann.

HANS: Sie lernen jedenfalls viele Redewendungen.

PAUL: Der dritte Teil besteht aus einem weiteren Gespräch, sozu-
sagen eine Ergänzung zum Gespräch im zweiten Teil.   15

HANS: Haben Sie auch schriftliche Arbeiten?

PAUL: Ja, entweder schreiben wir einen kurzen Aufsatz über ein
        Bild oder ein kurzes Gespräch über bekannte Stoffe, die wir
        gelernt haben.

5 HANS: Das ist eine gute Übung. Unser Lehrer diktiert uns auch
        oft einige Sätze, die wir nachschreiben.

PAUL: Ich bin gespannt, was für eine Zensur ich bekommen habe.

HANS: Ein „A" natürlich.

PAUL: Sie spaßen! Soll ich Ihnen ein Geheimnis verraten?

10 HANS: Ich sage es nicht weiter.

PAUL: Ich bin in der letzten Prüfung durchgefallen.

HANS: Ausgeschlossen!

PAUL: Ein Glück, daß es keine Semesterprüfung war!

WORTSCHATZ (7-c)

die **Arbeit** (–en) work **schriftliche
  Arbeiten** written exercises
Ausgeschlossen! That's impossible!
beantworten to answer
diktie'ren to dictate
das **Geheimnis** (–ses, –se) secret
sich gewöhnen an to get used to
das **Glück: Ein Glück, daß ...** It
  was lucky for me that ...
handeln to deal
hören to listen
jedenfalls in any case
die **Metho'de** (–n) method
die **Redewendung** (–en) idiomatic
  expression

schriftlich written
sozusa'gen so to speak
spaßen to joke
stellen to place **Fragen stellen** to ask
  questions
der **Stoff** (–es, –e) material
verraten (verrät, verriet, verraten) to
  disclose **Soll ich Ihnen ein Geheimnis verraten?** Shall I let you
  in on a secret?
weiter- additional
weiter-sagen to tell **Ich sage es
  nicht weiter.** I won't tell anybody.
wovon' with what

Gespräch 8-c: PAUL SCHMIDT, KÄTE SCHNEIDER

PAUL: Machen Sie viel Gebrauch von der Bibliothek?

KÄTE: O ja! Ich verbringe besonders viel Zeit im Zeitschriftensaal.

PAUL: Dort steht Ihnen eine große Anzahl von Zeitschriften zur Verfügung.

KÄTE: Ich wünschte, ich könnte auf einige abonnieren.

PAUL: Machen Sie viel Gebrauch von den Nachschlagewerken?

KÄTE: Dann und wann. Ich nehme an, daß ich sie nächstes Jahr 5 mehr gebrauchen muß.

PAUL: Bis jetzt habe ich sie auch noch nicht viel gebraucht mit Ausnahme der Encyclopaedia Britannica und des Großen Brockhaus.

KÄTE: Können Sie mir sagen, wo ich ein deutsch-englisches Wörter- 10 buch finden kann?

PAUL: Sie finden mehrere Wörterbücher im Lesesaal; wenn Sie hineinkommen, geradeaus rechts.

KÄTE: Ich glaube, ich werde mir eins von meinen Eltern zu Weihnachten wünschen. 15

PAUL: Kennen Sie ein gutes?

KÄTE: Nein; ich werde meinen Lehrer fragen; er wird mir eins empfehlen können.

PAUL: Ach, ich habe ganz vergessen, dieses Buch zurückzubringen.

KÄTE: Wann ist es fällig? 20

PAUL: Es war gestern fällig.

KÄTE: Dann werden Sie drei Cent Strafe zahlen müssen.

PAUL: Leider!

WORTSCHATZ (8-c)

abonnie′ren auf to subscribe to
die Anzahl number
Brockhaus (*proper name*): der Große Brockhaus *a German reference
book, encyclopedia*
empfehlen (empfiehlt, empfahl, empfohlen) to recommend
fällig due

der Gebrauch (–s, ⁿe) use
geradeaus′ straight ahead
hinein′-kommen (ist) to come inside
mehrere several
die Strafe (–n) fine
zahlen to pay
zurück′-bringen to return

Gespräch 9-c: PAUL SCHMIDT, HANS WEBER

PAUL: Warum haben Sie es denn so eilig?

HANS: Ich habe Ihnen doch gesagt, daß ich Fräulein Fischer im Gesellschaftszimmer treffe.

PAUL: Na, wir sind ja schon da.

5 HANS: Ich sehe sie aber nicht.

PAUL: Nur ruhig Blut, lieber Freund! Sie müssen nicht gleich die Geduld verlieren.

HANS: Ich möchte wissen, wo sie bleibt. So etwas ist mir seit Jahren nicht vorgekommen.

10 PAUL: Ach, setzen Sie sich nur ein bißchen hin!

HANS: Na ja; man kann ja doch nichts anderes tun als warten.

PAUL: Holen Sie sich ein Buch da vom Bücherregal!

HANS: Ich habe jetzt keine Lust zum Lesen.

PAUL: Dann sehen Sie zum Fenster hinaus! Da haben Sie einen
15 herrlichen Blick auf den Campus.

HANS: Haben Sie gesehen, was für schöne blaue Augen Fräulein Fischer hat?

PAUL: Wenn ich die Wahrheit sagen soll, nein.

HANS: Haben Sie eine Ahnung, ob sie Tennis spielt?

20 PAUL: Woher soll ich denn das wissen? Ich habe sie ja selbst erst heute früh kennengelernt.

HANS: Ach ja, das ist richtig!

PAUL: Warum fragen Sie sie denn nicht selbst? — Haben Sie eigentlich Fräulein Fischer gern?

25 HANS: So eine Frage!

WORTSCHATZ (9-c)

die **Ahnung** idea **Haben Sie eine Ahnung?** Do you have any idea?

anderes: Man kann ja doch nichts anderes tun als warten. There's nothing to do but wait anyway.

bißchen: ein bißchen for a moment

das **Blut** blood **Nur ruhig Blut!** Oh, keep cool!

gern haben to be fond of

hinaus'-sehen to look out

die **Lust** pleasure **ich habe keine Lust...** I don't feel like...

sehen to notice
so: so etwas such a thing So eine
  Frage! What a question!
sollen (soll, sollte, gesollt) shall
  wenn ich ... soll if you want me
  to ...,

verlieren (verlor, verloren) to lose
vor-kommen (ist) to happen
die Wahrheit truth

Gespräch 10-C: HANS WEBER, RITA FISCHER

HANS: Soll ich Ihnen noch etwas von der Anrichte holen?

RITA: Nein danke! Ich habe wirklich genug gegessen. Aber wenn Sie mir einen Gefallen tun wollen, dann holen Sie mir bitte noch ein Glas Wasser.

HANS: Mein Vater sagt immer: „Der Fisch will schwimmen." 5

RITA: Das habe ich noch nie gehört; aber es muß wahr sein; das ist schon mein drittes Glas.

HANS: Was ist eigentlich Ihr Leibgericht?

RITA: Huhn. Was ist Ihrs?

HANS: Ich bin nicht wählerisch. Ich esse eigentlich alles. 10

RITA: Und was trinken Sie am liebsten?

HANS: Das kommt ganz drauf an. Morgens trinke ich Kaffee, mittags trinke ich Milch und abends Tee.

RITA: Ich trinke nie Tee; der schmeckt mir nicht.

HANS: Vielleicht trinken Sie lieber ein Glas Bier? 15

RITA: Nein! Ich trinke meistens Milch. — Was für Wetter ist es?

HANS: Ich glaube, wir bekommen schönes Wetter.

RITA: Es ist nicht mehr so schwül.

HANS: Da kommen Fräulein Schneider und mein Freund.

RITA: Sie können sich zu uns setzen. 20

HANS: Ich muß Herrn Schmidt fragen, ob er mir einen Tennisschläger leihen kann.

RITA: Wenn er aber nur einen hat?

HANS: Ich glaube, ich habe heute früh zwei in seinem Zimmer gesehen. 25

RITA: Ich habe Angst, daß Sie zu gut spielen.

HANS: Sicherlich nicht besser als Sie.

WORTSCHATZ (10-C)

an-kommen (ist) to arrive **Das kommt ganz drauf an.** That all depends.

bekommen to get **wir bekommen schönes Wetter** we are going to have nice weather

der Gefallen (–s, –) favor

heute früh this morning

das Huhn (–s, ⸚er) hen, chicken

das Leibgericht (–s, –e) favorite dish

noch still **Das habe ich noch nie ge-** hört. I have never heard that before.

schmecken to taste **der (Tee) schmeckt mir nicht** I don't care for tea

schwül sultry

der Tennisschläger (–s, –) tennis racket

wählerisch particular

wahr true

was für what **Was für Wetter ist es?** How is the weather?

Gespräch 11-c: HANS WEBER, RITA FISCHER

RITA: Es tut mir leid, daß Sie auf mich haben warten müssen.

HANS: Wir müssen uns beeilen. Wir haben uns schon zehn Minuten verspätet.

RITA: Ich konnte meinen Tennisschläger nicht finden.

5 HANS: Hatten Sie ihn verlegt?

RITA: Nein, ich hatte vergessen, daß ich ihn meiner Freundin geliehen hatte.

HANS: Wir müssen jetzt schnell mit der Taxe zum Stadion fahren.

RITA: Da kommt gerade eine.

10 HANS: Bitte steigen Sie ein!

RITA: Ich freue mich, daß Fräulein Schneider und Herr Schmidt mit uns spielen.

HANS: Es ist auch gut, daß sich das Wetter aufgeklärt hat.

RITA: Sehen Sie nur, jetzt scheint sogar die Sonne!

15 HANS: Das ist ja herrlich! Sollen wir zusammen gegen die anderen beiden spielen?

RITA: Spielt Ihr Freund gut?

HANS: Nicht besonders. Er spielt nicht oft genug; er büffelt immer.

RITA: Ich spiele auch nicht oft; höchstens zwei- bis dreimal die Woche.

HANS: Ich wette, Sie spielen am besten von uns vieren.

RITA: Das bezweifle ich stark. — Wie lange bleiben Sie noch hier?

HANS: Leider nur bis morgen früh.   5

RITA: Ich dachte, Sie würden das Wochenende hier verbringen.

HANS: Das ist leider nicht möglich.

RITA: Jetzt sind wir gleich da.

HANS: Was ist denn das für ein Gebäude da?   Es sieht wie eine Turnhalle aus.   10

RITA: Sie haben recht.   Und jetzt werden Sie gleich die Tennisplätze sehen.

HANS: Dort sind unsere beiden Freunde.

RITA: Hoffentlich sind sie nicht böse auf uns!

WORTSCHATZ (11-C)

sich auf-klären to clear up	scheinen (schien, geschienen) to shine
best-: am besten best of all	die Sonne sun
bezweifeln to doubt	stark strong; *here:* very much
büffeln to cram	verlegen to misplace
dreimal three times	wetten to bet
möglich possible	das Wochenende (–s, –n) week end

Gespräch 12-C: PAUL SCHMIDT, HANS WEBER, KÄTE SCHNEIDER, RITA FISCHER

KÄTE: Schade, daß kein Ecktisch mehr frei ist.

PAUL: Die sind immer zuerst besetzt.

HANS: Ist denn das Café immer so voll, oder ist das heute eine Ausnahme?

RITA: Nein, es ist immer sehr voll hier; es ist ein beliebtes Café.   5

PAUL: Sie sollten es aber während der Mittagsstunde sehen.

KÄTE: Dann stehen die Leute Schlange und warten oft länger als eine halbe Stunde auf einen Platz.

HANS: Das würde ich ja nun nicht tun. Ich verstehe nicht, warum die Leute nicht in ein Restaurant gehen.

RITA: Die sind gerade so voll.

PAUL: Weiß jemand, was heute im Kino gegeben wird?

5 KÄTE: Es ist ein deutscher Film; ich habe es heute früh in der Zeitung gelesen.

HANS: Wissen Sie, wie der Film heißt und wer die Filmschauspieler sind?

KÄTE: Leider nicht.

10 HANS: Werden hier zwei Filme gezeigt?

RITA: Nein, nur einer.

PAUL: Die Vorstellung dauert gewöhnlich zwei Stunden.

RITA: Herr Weber, haben Sie nicht gesagt, daß Sie heute noch nach Hause fahren?

15 HANS: Nein, morgen früh.

KÄTE: Dann haben Sie noch genug Zeit, Ihren Koffer zu packen.

PAUL: Er hat nur einen kleinen Handkoffer.

HANS: Wissen Sie was, ich bin furchtbar müde.

RITA: Aber Herr Weber!

20 PAUL: Ja, ja, der gute Junge fängt schon an, alt zu werden.

KÄTE: Ihr Freund hat Sie zum besten, Herr Weber!

PAUL: Aber sein Haar wird schon auffallend dünn, denken Sie nicht, gnädiges Fräulein?

HANS: Tatsächlich?

WORTSCHATZ (12-C)

auffallend noticeably

best-: zum besten haben to make fun of

der Filmschauspieler (–s, –) movie actor

geben to give   was heute im Kino gegeben wird what picture is on at the show today

jemand anybody

der Junge (–n, –n) boy   der gute Junge the good fellow

das Restaurant' (–s, –s) restaurant

die Schlange (–n) snake   Schlange stehen to stand in line

Tatsächlich? Is that a fact?

Gespräch 13-C: KÄTE SCHNEIDER, RITA FISCHER

KÄTE: So, das wäre erledigt.   Wie gefällt Ihnen mein neues Kleid?

RITA: Es ist entzückend!   Sie haben guten Geschmack.   Es steht Ihnen sehr gut.

KÄTE: Gehen Sie nächste Woche zum Schultanz?

RITA: Ja, ich muß mir aber noch ein neues Abendkleid kaufen.   5

KÄTE: Mit wem gehen Sie?

RITA: Das ist ein tiefes Geheimnis.

KÄTE: Na, ich wünsche Ihnen viel Vergnügen.

RITA: Gehen Sie nicht auch?

KÄTE: Herr Schmidt hat mich noch nicht eingeladen.   10

RITA: O, er wird Sie bestimmt einladen.

KÄTE: Wissen Sie, es ist wirklich nicht leicht, etwas zu kaufen, wenn man nicht viel Geld hat.

RITA: Sie haben recht; besonders wenn die Auswahl so groß ist.

KÄTE: Sehen Sie nur, was für schöne Sachen hier ausgestellt sind.   15

RITA: Ich brauche ein Paar neue weiße Schuhe.

KÄTE: Schuhe habe ich genug, aber ich brauche notwendig einen Regenschirm.

RITA: Ich habe auch keinen; dieses Jahr habe ich noch gar keinen gebraucht.   20

KÄTE: Aber es hat doch oft genug geregnet.

RITA: Ich habe einen Regenmantel, und der genügt.

KÄTE: Sie haben ja auch nicht weit in die Schule.

RITA: Nein, es ist nur ein Katzensprung.

KÄTE: Regenmantel und Regenschirm nützen einem doch nichts,   25 wenn man sie nicht bei sich hat.

RITA: Vorgestern fing es gerade an zu regnen, als ich aus der Turnhalle kam.

KÄTE: Konnten Sie keine Taxe bekommen?

RITA: Nein, wenn es regnet, sind die immer besetzt.   30

KÄTE: Wie lange hat es denn geregnet?

RITA: Das weiß ich gar nicht. Glücklicherweise habe ich eine
Freundin getroffen. Sie hat mich in ihrem Wagen nach
Hause gefahren.

WORTSCHATZ (13-c)

bestimmt certainly
entzückend stunning
erledigen to bring to a close   **das wäre**
   erledigt that's done
genügen to be enough
der Katzensprung (–s, ⁊e) cat's leap;
   es ist nur ein Katzensprung it is just
   a stone's throw
notwendig necessary; *here:* badly

der Schultanz (–es, ⁊e) school dance
stehen to stand   **Es steht Ihnen sehr**
   gut. It is very becoming to you.
tief deep
das Vergnügen pleasure   **ich wünsche**
   Ihnen viel Vergnügen I hope you
   have a good time
vorgestern day before yesterday

Gespräch 14-c: PAUL SCHMIDT, KÄTE SCHNEIDER

KÄTE: Ich glaube, die zwei sind ganz gern einen Augenblick allein.

PAUL: Es ist schade, daß mein Freund morgen früh schon wieder
nach Hause muß.

KÄTE: So geht's im Leben, nicht wahr?

5 PAUL: Die Morgenausgabe ist schon heraus. Möchten Sie auch
eine Zeitung?

KÄTE: Danke, ich warte bis morgen früh. Ich lese die Zeitung immer nach dem Frühstück.

PAUL: Dazu habe ich selten Gelegenheit. Mein Vater liest sie im-
10   mer, wenn ich sie lesen möchte.

KÄTE: Aber Sie lesen doch die Schulzeitung?

PAUL: In der steht aber nicht viel über Politik, und dafür interessiere ich mich am meisten.

KÄTE: Ich bin über die politische Lage nicht gut orientiert.

15 PAUL: Sehen Sie mal, morgen wird ein neuer Film gezeigt!

KÄTE: Einige neue Bilder sind schon im Schaukasten.

PAUL: Hätten Sie Lust, sich ihn morgen anzusehen?

KÄTE: Sollen wir morgen schon wieder ins Kino gehen?

PAUL: Man ist nur einmal jung.

KÄTE. Sie haben recht. Also gut.

PAUL: Ich meine, nur Sie und ich. 5

KÄTE: Abgemacht!

PAUL: Können wir noch eine Tasse Kaffee trinken gehen?

KÄTE: Ich glaube, Fräulein Fischer muß um zehn Uhr zu Hause sein.

PAUL: Ach richtig! Sie hat es uns ja schon gesagt. 10

KÄTE: Was wird Ihr Freund dazu sagen?

WORTSCHATZ (14-c)

die **Gelegenheit** (–en) opportunity
  Gelegenheit haben zu to have an opportunity for
gern: die zwei sind ganz gern the two would like to be
die **Lage** situation
morgen tomorrow
oriĕntiert' sein to be informed

die **Politik'** politics
poli'tisch political
die **Schulzeitung** (–en) school paper
selten seldom
stehen to stand **In der steht aber nicht viel** ... But there is not much ... in it

Übungen, Aufgaben, Notes

SPECIAL VOCABULARY FOR EXERCISES

abschreiben to copy
der Ausdruck (≠e) expression
beschreiben to describe
bestimmt definite
bilden to form
eingeklammert (*p.p.*) in parenthesis
ergänzen to complete

mündlich oral
nennen to name
die Stammform (–en) principal part
die Übung (–en) exercise
vervollständigen to complete
verwandeln to change
vollständig complete

(1-a)

A. MÜNDLICHE ÜBUNGEN

1. Beantworten Sie die folgenden Fragen!
   a. Was sehen wir auf dem Bilde? *b.* Wieviel Personen sind in dem Zimmer? *c.* Wie heißt Pauls Freund? *d.* Was sehen Sie auf dem Nachttisch? *e.* Wo steht die Kommode? *f.* Was ist in den drei Schubladen? *g.* Was hängt über der Kommode? *h.* Was tut Paul? *i.* Was für Bücher hat Paul? *j.* Warum gähnt Hans?

2. Der Lehrer diktiert ein paar deutsche Sätze.

3. Der Student sieht sich das Bild an und nennt Substantive mit dem bestimmten Artikel.

4. Verwandeln Sie die folgenden Sätze in Fragen mit was, wer, wie, wo!
   a. Hans ist zu Besuch. *b.* Die Lampe steht auf dem Schreibtisch. *c.* Der Spiegel hängt über der Kommode. *d.* Paul's Zimmer ist groß. *e.* Paul tippt langsam.

B. SCHRIFTLICHE AUFGABEN

1. Schreiben Sie den zweiten Paragraphen ab!
2. Verwandeln Sie die folgenden Sätze in Fragen mit was, wer, wie, wo!

a. Die Photographie steht auf der Kommode. *b.* Hans ist müde. *c.* Das Buch heißt „Sag's auf deutsch!" *d.* Die Bücher stehen im Bücherregal. *e.* Er hat den Bleistift in der Hand.

(1-b)

A. NOTES

1. **Guten Morgen** Good morning
   Guten Abend Good evening
   Gute Nacht Good night
   Guten Tag is used for both "Good morning" and "Good afternoon." The above expressions, with the exception of **Gute Nacht,** also have the meanings of "Hello!" and "How do you do?"

2. **Telling the time**
   3:00—es ist drei (Uhr); **es ist Punkt drei** (Uhr), it is 3 o'clock sharp; but notice: 1 o'clock—es ist eins or es ist ein Uhr.
   3:15—es ist Viertel nach drei (Uhr), or **Viertel vier.**
   3:30—es ist halb vier (Uhr)
   3:45—es ist Viertel vor vier (Uhr)
   Use nach between 3:01 and 3:14. 3:12—es ist 12 Minuten nach drei.
   Use nach between 3:31 and 3:44. 3:35—es ist 5 Minuten nach halb vier.
   Use vor between 3:16 and 3:29. 3:25—es ist 5 Minuten vor halb vier.
   Use vor between 3:46 and 3:59. 3:50—es ist 10 Minuten vor vier.
   Note: Translate *at* by **um:** Er wird um halb vier Uhr hier sein.

   He will be here at half past three.
   Translate *about* by **ungefähr:** Er wird ungefähr um ein Uhr hier sein.

   He will be here at about one o'clock.

3. **jeden Tag.** Expressions of definite time are rendered in German by the accusative case, if no preposition is used:
   nächsten Dienstag (masc.) next Tuesday
   letzten Monat (masc.) last month
   jede Woche (fem.) each week
   dieses Jahr (neut.) this year

4. **sonntags.** Repeated occurrence at a certain time is usually expressed by the genitive case in German:
   Sonnabends habe ich keine Schule. I have no school Saturdays.
   Ich gehe nachmittags oft spazieren. In the afternoon I often go for a walk.

Sonntags abends bleiben wir immer zu Hause. We stay at home every Sunday evening.

5. (die) **Geschichte**
   (die) **Biologie'** biology
   (die) **Bota'nik** botany
   (die) **Chemie'** chemistry
   (die) **Geographie'** geography

(die) **Geologie'** geology
(die) **Mathematik'** mathematics
(die) **Physik'** physics
(die) **Volkswirtschaft** economics

B. ÜBUNG

1. Beantworten Sie die folgenden Fragen!
   a. Haben Sie gut geschlafen? *b.* Wie spät ist es, bitte? *c.* Haben Sie heute eine Prüfung? *d.* Wie lange schlafen Sie sonnabends? *e.* Was für Stunden haben Sie heute?

(2-a)

A. MÜNDLICHE ÜBUNGEN

1. Beantworten Sie die folgenden Fragen!
   a. Wo sind Paul und Hans jetzt? *b.* Was tut Pauls Mutter? *c.* Wo sitzt Hans? *d.* Wo steht der Eßtisch? *e.* Wo liegt die Serviette? *f.* Was liegt rechts neben jedem Teller? *g.* Was steht in der Mitte des Eßtisches? *h.* Was ist in der Obstschale? *i.* Was steht im Hintergrund? *j.* Wohin führen die zwei Türen?

2. Der Lehrer diktiert ein paar deutsche Sätze.

3. Der Student sieht sich das Bild an und nennt die Stammformen verschiedener Verben.

4. Der Lehrer spricht kurze Sätze. Ein Student bildet Fragen mit was, wer, wie, wo. Ein anderer Student beantwortet die Fragen.

B. SCHRIFTLICHE AUFGABEN

1. Schreiben Sie den letzten Paragraphen ab!

2. Beschreiben Sie kurz, was Sie auf dem Eßtisch sehen!

(2-b)

A. NOTES

1. **gern.**   In the expression "I like to drink orange juice," the **infinitive** becomes the main verb in German and *like* is expressed by **gern(e)**.
   Ich trinke Apfelsinensaft (sehr) gern(e).   I like to drink orange juice (very much).
   Ich trinke Milch (viel) lieber.   I (much) prefer to drink milk.
   Ich trinke Wasser am liebsten.   I like to drink water best of all.

2. **Mir gefällt I like.**   When *like* is followed by an object, the verb **gefallen** is used in German. Notice that the object in English becomes the subject in German and the subject in English becomes the dative in German: **Das Ölgemälde gefällt mir.**   I like the oil painting. The verb is used, therefore, also in the plural. **Mir gefallen diese Bücher.** I like these books.

3. **Bitte! Danke!** If smokes, candy, etc. are offered, the reply **Nein, danke!** or **Danke** (schön) signifies refusal.
   Acceptance is expressed by **Ja, bitte!** or **Bitte!** or **Bitte schön!**

B. ÜBUNGEN

1. Ergänzen Sie!
   a. Möchten Sie ... ?   (Brot, Kaffee usw.)
   b. Gefällt Ihnen ... ?   (Bild, Buch, Zimmer usw.)
   c. Ich esse gern ... (Obst, Marmelade, Honig, Bananen, Äpfel, Speck usw.)
   Ich esse lieber ...
   Ich esse am liebsten ...

2. Zwei Studenten unterhalten sich über Situationen aus Gesprächen 1-b und 2-b; z. B. ein Student fragt den anderen, ob er heute eine Prüfung hat; was für Stunden er heute hat; ob er als Gast in seine Geographieklasse mitkommen will; wann er aufsteht; wie lange er sonntags schläft; wann und mit wem er Frühstück ißt; was er am liebsten ißt usw.

(3-a)

A. MÜNDLICHE ÜBUNGEN

1. Beantworten Sie die folgenden Fragen!
   a. Wieviel Personen sind in dem Zimmer?   *b.* Wer sind sie?
   c. Was tun sie?   *d.* Was steht auf dem Kamin?   *e.* Was steht
   hinter dem Sessel?   *f.* Wo macht Paul seine Schularbeiten?
   g. Was für Musik hat Paul am liebsten?   *h.* Ist Frau Schmidt
   musikalisch?   *i.* Spielt Paul Saxophon nach Noten?   *j.* Was
   für ein Instrument spielen Sie?
2. Der Lehrer diktiert ein paar deutsche Sätze.
3. Der Student sieht sich das Bild an und nennt Adjektive.
4. Der Lehrer bildet Fragen mit was, wer, wo usw. Studenten
   beantworten sie.

B. SCHRIFTLICHE AUFGABEN

1. Schreiben Sie den ersten Paragraphen ab!
2. Beginnen Sie die Sätze mit dem eingeklammerten Wort!
   a. (Jetzt) Paul steht am Rauchtisch.   *b.* (Oft) Auf dem Kamin
   steht eine Vase mit Blumen.   *c.* (Nach dem Frühstück) Herr
   Schmidt liest die Zeitung.   *d.* (Abends) Paul ist meistens in
   seinem Zimmer.   *e.* (Nach Noten) Er spielt nicht.

(3-b)

A. NOTES

1. **Setzen Sie sich!**   Observe the difference between the following verbs:
   sitzen (saß, gesessen) to sit:
   > **Er sitzt auf dem Stuhl** (dat.).   He is sitting on the chair.
   setzen (setzte, gesetzt) to set, to put, to place (to cause to sit):
   > **Er setzt das Kind auf den Stuhl** (acc.).   He puts the child on the chair.
   sich setzen to sit down (to cause oneself to sit):
   > **Er setzt sich auf den Stuhl** (acc.).   He sits down on the chair.
   liegen (lag, gelegen) to lie:

Das Buch liegt auf dem Tisch (dat.).   The book is lying on the table.
legen (legte, gelegt) to lay, to put (to cause to lie):
   Er legt das Buch auf den Tisch (acc.). He lays the book on the table.
sich legen, to lie down (to cause oneself to lie):
   Er legt sich aufs Sofa.   He lies down on the davenport.
stellen (stellte, gestellt) to put, to place (to cause to stand):
   Er stellt die Lampe auf den Tisch (acc.).   He puts the lamp on the table.
stecken (steckte, gesteckt) to put (in a sense of putting down into):
   Er steckt das Geld in seine Tasche (acc.).   He puts the money in his pocket.

2. *Entschuldigen Sie mich bitte einen Augenblick!* means "Excuse me for a moment," i.e., one wishes to leave the person addressed.   If you wish to offer an apology, use **Entschuldigen Sie bitte!** or **Verzeihung!** or **Verzeihen Sie bitte!** meaning "Excuse me!"

B. ÜBUNGEN

1. Üben Sie!
Haben wir Zeit, eine Tasse Kaffee zu trinken?

               uns den Campus anzusehen?
               die Photographien
               eine Zigarette zu rauchen?
               Frühstück zu essen?

2. Beantworten Sie die folgenden Fragen!
a. Rauchen Sie?   *b.* Sind Sie musikalisch?   *c.* Spielen Sie nach Gehör?   *d.* Wer in Ihrer Familie ist unmusikalisch?   *e.* Hören Sie klassische Musik lieber als Tanzmusik?

3. Lesen Sie die folgenden Sätze im Perfekt!
a. Sie raucht nicht.   *b.* Spielen Sie Klavier?   *c.* Er kauft sich jede Woche eine neue Platte.   *d.* Sie sehen sich das Buch an.   *e.* Er stellt ihm ein hübsches Mädchen vor.

(4-a)

A. MÜNDLICHE ÜBUNGEN

1. Beantworten Sie die folgenden Fragen!

a. Wohin gehen unsere Freunde?   *b.* Was bringt der Briefträger?   *c.* Wo wohnt Paul?   *d.* Wie lange wohnt Paul schon hier?   *e.* Wie groß ist die Einwohnerzahl?   *f.* In welchem Stock befindet sich Pauls Zimmer?   *g.* Welche Zimmer sind im Erdgeschoß?   *h.* Wieviel Zimmer sind im ersten Stock?   *i.* Was tut der Briefträger mit der Post?   *j.* Was sehen wir vor dem Haus?

2. Der Lehrer diktiert ein paar deutsche Sätze.

3. Der Student sieht sich das Bild an und nennt Substantive im Plural.

4. Ergänzen Sie die Präpositionen!

a. Paul ist auf dem Weg ———— der Schule.   *b.* Hans wartet ———— den Briefträger.   *c.* Bäume stehen ———— der Garage.   *d.* Der Briefträger hat Post ———— der **Hand.** *e.* Die Küche ist ———— dem Erdgeschoß.

B. SCHRIFTLICHE AUFGABEN

1. Schreiben Sie den zweiten Paragraphen ab!

2. Beschreiben Sie kurz, was Sie vor dem Haus sehen!

(4-b)

A. NOTES

The customary form of address in conversation is **Sie.**   When addressing a relative, a close friend, or a child, **du** is used.   The possessive adjective **Ihr** becomes **dein** (sing.) and **ihr** (pl.) when the familiar form of address is used: **Ihr Hund — dein Hund.**

Note the four cases of the personal pronoun:

		Sing.	*Plur.*
Nom.	Sie	du	ihr
Gen.	Ihrer	deiner	euer
Dat.	Ihnen	dir	euch
Acc.	Sie	dich	euch

B. ÜBUNGEN

1. Lesen Sie Gespräch 4-b in der du-Form!
2. Unterhalten Sie sich mit einem Studenten! Fragen Sie ihn, wo er wohnt; ob er ein Auto hat; ob er Geschwister hat; ob sie älter oder jünger, grösser oder kleiner sind als Sie; wie sie mit Vornamen heißen; wer in der Familie musikalisch ist usw.

(5-a)

A. MÜNDLICHE ÜBUNGEN

1. Beantworten Sie die folgenden Fragen!
   a. Mit wem fährt Paul oft zur Schule? *b*. Was tut er jetzt am Briefkasten? *c*. Wer wartet auf das grüne Licht? *d*. Wann dürfen die Fußgänger nicht die Straße kreuzen? *e*. Welche Verkehrsmittel sehen Sie auf der Straße? *f*. Wo sehen Sie die Hochbahn? *g*. Was für Läden befinden sich an der Straßenkreuzung? *h*. Was kann man in einem Lebensmittelgeschäft kaufen? *i*. Wo kann man Zigaretten kaufen? *j*. Wieviel Personen sehen Sie, und wer sind sie?
2. Der Lehrer diktiert ein paar deutsche Sätze.
3. Nennen Sie den Plural der folgenden Substantive: der **Mann**, der Radfahrer, der Lehrer, die Straße, das Haus, das Geschäft, die Frau, das Kind, der Zug, der Briefkasten.
4. Ergänzen Sie die Präpositionen!
   a. Paul steht ———— dem Briefkasten. *b*. Die Taxe biegt ———— die Ecke. *c*. Die Frau spricht ———— dem Kind. *d*. All Fahrzeuge fahren ———— der rechten Seite. *e*. Die Fußgänger kreuzen die Straße ———— grünem Licht.

B. SCHRIFTLICHE AUFGABEN

1. Schreiben Sie den letzten Paragraphen ab!
2. Ergänzen Sie!
   a. Fräulein Schneider fährt fast jeden Morgen … *b*. Der Mann

geht wahrscheinlich... *e.* Fußgänger dürfen nur... *d.* In der Bäckerei...

(5-b)

A. NOTES

1. **treffen, kennenlernen**
   treffen to meet (on purpose or by chance)
   Wir treffen uns jeden Morgen hier. We meet here every morning.
   Ich habe ihn auf der Straße getroffen. I met him on the street.
   kennenlernen to meet in the sense of to make the acquaintance
   Ich habe sie letzte Woche kennengelernt. I met her last week.
2. **schon.** The basic meaning of **schon** is *already*.
   Er ist schon hier. He is already here.
   Schon is used in connection with an adverbial expression of time in the typically German present tense construction which must be translated in English by the present perfect tense:
   Wie lange lernen Sie schon Deutsch? How long have you been studying German?
   Ich wohne schon seit zwei Jahren hier. I have been living here for two years.

B. ÜBUNGEN

1. Beantworten Sie die folgenden Fragen!
   a. Kommen Sie zu Fuß oder mit dem Omnibus zur Schule?
   b. Kommen Sie allein oder treffen Sie einen Freund oder eine Freundin? *c.* Wie lange kennen Sie Ihren Freund schon?
   d. Wie lange lernen Sie schon Deutsch? *e.* Sprechen Sie zu Hause Deutsch?
2. Erzählen Sie uns etwas von Käte Schneider! Zum Beispiel: Sie fährt fast jeden Morgen mit ihrem Freund Paul zur Schule. Sie ist seine Jugendliebe usw.

(6-a)

A. MÜNDLICHE ÜBUNGEN

1. Beantworten Sie die folgenden Fragen!
   a. Wieviel Studenten gehen hier zur Schule? *b.* Wie alt sind die Studenten? *c.* Wie alt sind Sie? *d.* Warum ist die englische Abteilung die größte Abteilung? *e.* Was wird in dem Gebäude rechts gelehrt? *f.* Wohin gehen Hans und Paul? *g.* Wer hat Amtszimmer in dem Gebäude mit dem Turm? *h.* Wo liegt die Bibliothek? *i.* Welches sind die alten Sprachen? *j.* Welches sind die neueren Sprachen?

2. Nennen Sie die Stammformen der folgenden Verben: sehen, lehren, beginnen, gehen, sich verabschieden, sich beeilen, werden, eintreten, sein, belegen.

3. Bilden Sie kurze Sätze im Perfekt mit den Verben unter (2)!

B. SCHRIFTLICHE AUFGABE

Beschreiben Sie, was Sie im Vordergrund auf dem Bild sehen!

(6-b)

A. NOTES

1. **gestern abend.** Combine **heute, gestern, morgen** each with **früh, vormittag, mittag, nachmittag, abend** and translate these expressions of time.

2. **sonst kommen wir zu spät** otherwise we'll be late. Observe that the verb **kommen** is used in this expression, where English uses *to be*. While in English *too* may be omitted, in German **zu** must be employed.
   Er kommt immer zu spät zur Klasse. He is always (too) late for class.

B. ÜBUNG

Unterhalten Sie sich mit einem Studenten über die Gebäude

auf dem Campus (6a); dann treffen Sie einen anderen Studenten; Stellen Sie ihm Ihren Freund vor!

(7-a)

A. MÜNDLICHE ÜBUNGEN

1. Beantworten Sie die folgenden Fragen!
   a. Wieviel Fenster hat das Zimmer? *b*. Wo ist der Schalter für das elektrische Licht? *c*. Wo sitzt der Lehrer? *d*. Was tut der beste Student dieser Klasse? *e*. Wo sitzen Hans und Paul? *f*. Wieviel Studenten sind in dieser Klasse? *g*. Wieviel Mädchen sind in der Klasse? *h*. Wieviel Jungen und Mädchen sind in Ihrer Klasse? *i*. Was tut man mit dem Zeigestock? *j*. Ist Paul der beste Deutschstudent?

2. Der Student sieht sich das Bild an und nennt den Singular und Plural verschiedener Substantive.

3. Der Lehrer nennt Substantive und der Student bildet vollständige Sätze.

4. Ein Student nennt Adjektive; ein anderer bildet kurze Sätze.

B. SCHRIFTLICHE AUFGABE

Beschreiben Sie Ihr Klassenzimmer!

(7-b)

A. NOTES

1. **erzählen, sagen.** Learn to distinguish between these two verbs.
   erzählen to narrate, to relate, to tell. It is used primarily in a sense of reporting or giving an account of something or somebody.
   > **Er hat mir eine interessante Geschichte erzählt.** He told me an interesting story.
   > **Erzählen Sie mir etwas von den Studenten.** Tell me something about the students.

   sagen to say, to tell. This verb is employed in cases where *to tell* cannot be replaced by *to narrate,* as in short communications, requests, etc.

Haben Sie ihm gesagt, daß ich komme? Have you told him that I will come?

Das habe ich Ihnen ja gleich gesagt! I told you so!

2. **kennen, wissen, können.** In translating *to know* we have to distinguish between three verbs in German: kennen, wissen, können.

a. **kennen** (kannte, gekannt) to know, to be acquainted with (a person or an object):

Seit wann kennen Sie ihn? Since when have you known him?

Kennen Sie das Buch? Ja, ich kenne es. Do you know the book? Yes, I know it.

b. **wissen** (weiß, wußte, gewußt) to know, to have a knowledge (of facts):

Ich weiß, daß ich unrecht habe. I know that I am wrong.

Wissen Sie seine Adresse? Do you know what his address is?

c. **können** (kann, konnte, gekonnt) to know how, to know or understand thoroughly:

Er kann gut schwimmen. He can swim well.

Können Sie Deutsch? Can you speak German?

B. ÜBUNGEN

1. Ergänzen Sie!

a. Er hat gesagt, daß ... *b.* Sie erzählt immer ... *c.* Kennen Sie ...? *d.* Wissen Sie ...? *e.* Können Sie ...? *f.* Sie kennt ... *g.* Wissen Sie, ...? *h.* Er kann ...

2. Unterhalten Sie sich mit einem Studenten über Ihren Lehrer! Zum Beispiel: Ist das Ihr Lehrer? Nein, der andere Herr. — Wie heißt er?; Lehrt er Deutsch? usw.

(8-a)

A. MÜNDLICHE ÜBUNGEN

1. Beantworten Sie die folgenden Fragen!

a. Wann ist die Bibliothek geöffnet? *b.* Was für Bücher finden wir hier? *c.* Wo haben sich Hans und Rita getroffen? *d.* Warum wollte Rita in die Bibliothek gehen? *e.* Was tun die zwei Studenten, die wir in der Mitte des Bildes sehen? *f.* Was finden wir in dem Zeitschriftensaal? *g.* Welcher ist

der größte Raum? *h.* Warum ist es dort immer ruhig?
i. Wann finden wir dort besonders viele Studenten? *j.* Was
tun die Studenten dort?

2. Der Lehrer diktiert ein paar deutsche Sätze.

3. Ein Student nennt Substantive; ein anderer nennt den Plural.

4. Nennen Sie die Stammformen der folgenden Verben: öffnen,
stehen, finden, treffen, dürfen, gehen, wollen, sich setzen, arbeiten, sprechen.

B. SCHRIFTLICHE AUFGABEN

1. Beginnen Sie die folgenden Sätze mit dem eingeklammerten
Ausdruck!
a. (Im Lesesaal) Es ist immer sehr ruhig. *b.* (In dem Lesesaal)
Viele Studenten arbeiten. *c.* (Vor den Semesterprüfungen)
Man findet dort fleißige Studenten.

2. Ergänzen Sie!
a. Die Bibliothek ist wochentags... *b.* Tausende von guten
Büchern... *c.* Im Zeitschriftensaal kann man sich...

(8-b)

A. NOTES

sehr (viel): Contrary to English usage, German often distinguishes
between the idea of quantity and that of degree.
Note that the German equivalent of very much is, in ideas of quantity,
sehr viel; but in ideas of degree, simply **sehr**.

quantity:
Er kauft immer (sehr) viel. He always buys (very) much.
Sie hat (sehr) viel gelernt. She learned (very) much.
Man vergißt (sehr) viel. One forgets (very) much.

degree:
Ich danke Ihnen sehr. I thank you very much.
Er liebt sie sehr. He loves her very much.
Er interessiert sich sehr dafür. He is very much interested in **it.**

B. ÜBUNGEN

1. Stellen Sie Fragen für die folgenden Antworten!
   a. Ich will in die Bibliothek gehen. *b.* Ich lese am liebsten eine gute Novelle. *c.* Ich esse im Studentenheim. *d.* Leider nicht, ich habe zu viel auf. *e.* Ja, ich möchte gern spazieren gehen.

2. Vervollständigen Sie die folgenden Sätze!
   a. Ich schlage vor, daß wir . . .   (Bibliothek)
   b. Hätten Sie Lust, . . .   (Studentenheim)
   c. Wollen wir . . .   (Lesesaal)
                                            (Selbstbiographie)

3. Lesen Sie Gespräch 8-b in der du-Form!

(9-a)

A. MÜNDLICHE ÜBUNGEN

1. Beantworten Sie die folgenden Fragen!
   a. Welches ist das modernste Gebäude? *b.* Wie verbringen die Studenten ihre Freizeit hier? *c.* Wo steht der Flügel? *d.* Wer spielt Klavier? *e.* Was tut Hans? *f.* Wen sehen wir im Nebenzimmer? *g.* Wieviel Studenten sehen Sie im Vordergrund? *h.* Was tun sie? *i.* Wo werden Konzerte gegeben? *j.* Wieviel Sitzplätze gibt es hier?

2. Der Student sieht sich das Bild an und nennt die Stammformen einiger Verben.

3. Lesen Sie die folgenden Sätze im Perfekt!
   a. Vier Studenten spielen Bridge. *b.* Er sitzt in der Sofaecke. *c.* Sein Buch liegt neben ihm. *d.* Verschläft er seine Nachmittagsstunde? *e.* Spielen Sie mit ihm Tennis?

B. SCHRIFTLICHE AUFGABE

Beschreiben Sie, was Sie im Hintergrund des Bildes sehen!

(9-b)

B. ÜBUNGEN

1. Ergänzen Sie!
   a. Vielleicht sollte ich ... *b.* Sagen Sie mal, ... *c.* Kein Wunder, daß ... *d.* Ich möchte wissen, ... *e.* Es tut mir leid, daß ...
2. Unterhalten Sie sich mit einem Studenten! Fragen Sie ihn, wohin er geht. Schlagen Sie vor, daß Sie zusammen zu Mittag essen. Sie gehen an der Bibliothek vorbei; Sie fragen, was Ihr Freund am liebsten liest, was für Stunden er heute gehabt hat; Sie sehen Herrn Blitz und stellen ihn Ihrem Freund vor usw.

(10-a)

A. MÜNDLICHE ÜBUNGEN

1. Beantworten Sie die folgenden Fragen!
   a. Was heißt Mensa auf englisch? *b.* Wer ißt hier? *c.* Warum braucht man kein Trinkgeld zu geben? *d.* Wo hängen die Preislisten? *e.* Was nimmt man sich links an der Anrichte? *f.* Worauf haben Sie heute Appetit? *g.* Was steht auf dem Glasgestell? *h.* Nennen Sie verschiedene Getränke? *i.* Wem bezahlt man die Rechnung? *j.* Warum muß man zur Mittagsstunde oft lange warten?
2. Bilden Sie kurze Sätze!
   a. Studenten, Mensa, essen. *b.* Wir, sich selbst bedienen, Anrichte. *c.* Sie, Appetit haben auf, Fleisch. *d.* Er, sich holen, Milch. *e.* Man, müssen, bezahlen, Rechnung, Kasse.
3. Der Lehrer nennt einige Substantive, Verben und Adjektive, und die Studenten bilden Sätze.

B. SCHRIFTLICHE AUFGABE

Beschreiben Sie, wo und was Sie gestern zu Mittag gegessen haben!

(10-b)

ÜBUNG

Ein Student stellt Fragen über Gespräch 10-b, ein anderer beantwortet sie. Zum Beispiel: Möchten Sie ein Tablett? — Nein, danke! Ich trinke nur eine Tasse Kaffee. Brauchen Sie keinen Eßlöffel? — Nein, ich esse heute keine Suppe usw.

(11-a)

A. MÜNDLICHE ÜBUNGEN

1. Beantworten Sie die folgenden Fragen!
   a. Nennen Sie verschiedene Arten von Sport! *b.* Für welchen Sport interessieren Sie sich? *c.* Gehören Sie zu einer Mannschaft? *d.* Was sehen wir im Hintergrund? *e.* Welcher Sport wird hier getrieben? *f.* Wer trainiert auf dem Spielfeld? *g.* Wo sind die Tennisplätze? *h.* Wieviele Studenten spielen Tennis? *i.* Wann und wo spielt man Korbball? *j.* Wo können die Studenten schwimmen?

2. Ein Student nennt ein paar Substantive mit dem bestimmten Artikel; ein anderer nennt den Plural.

3. Beschreiben Sie, was Sie links im Vordergrund auf dem Bild sehen.

B. SCHRIFTLICHE AUFGABE

Beschreiben Sie, welchen Sport Sie treiben; wann, wo, mit wem, wie oft usw!

(11-b)

A. NOTES

1. **sich interessieren für.** Notice especially the prepositions in the two expressions:

    sich interessieren für (acc.)
    Interesse haben an (dat.)

    Er interessiert sich für seine Arbeit. He is interested in his work.
    Er hat großes Interesse an seiner Arbeit. He is very much interested in his work.

2. **sich freuen**
    Es freut mich. I am glad.
    But when "I am glad" is followed by an infinitive clause, as in "I am glad to join you," use **gern** (I like to): **Ich schließe mich Ihnen gern an.**
    sich freuen auf (acc.) to look forward to something:
    Er freut sich auf die Ferien. He is looking forward to the vacation.
    Ich freue mich darauf, Sie wiederzusehen. I am looking forward to seeing you again.
    sich freuen über (acc.) to be pleased with, to be happy about:
    Ich freue mich sehr über das Geschenk. I am very happy about the present.

B. ÜBUNGEN

1. Bilden Sie Sätze!
    a. zweimal die Woche   *b.* sich interessieren für   *c.* sich freuen auf   *d.* sich freuen über   *e.* letztes Semester   *f.* den ganzen Tag.

2. Lesen Sie Gespräch 11-b in der du-Form!

(12-a)

A. MÜNDLICHE ÜBUNGEN

1. Beantworten Sie die folgenden Fragen!
    a. Wo sind unsere Freunde jetzt?   *b.* Wer bedient sie?
    c. Warum findet man immer viele Studenten in diesem Café?

d. Worüber unterhalten sie sich meistens? *e.* Wer geht eben auf der Straße vorbei? *f.* Beschreiben Sie den Herrn! *g.* Wo sitzt die Kassiererin? *h.* Was kann man an der Kasse kaufen? *i.* Wer sitzt allein an einem Tisch? *j.* Mit wem hat sie eine Verabredung?

2. Nennen Sie die Stammformen: bringen, trinken, essen, nehmen, sich unterhalten, vorbeigehen, kommen, warten, bezahlen, verkaufen.

3. Bilden Sie Fragen im Perfekt aus den folgenden Sätzen!
a. Die Kellnerin bedient Sie. *b.* Er trinkt sein Glas aus. *c.* Er spricht über seine Professoren. *d.* Sie bezahlt ihre Rechnung nicht. *e.* Er hat die Mappe in der Hand.

B. SCHRIFTLICHE AUFGABE

Bilden Sie zehn Fragen und Antworten! Zum Beispiel: Auf wen wartet die junge Dame an dem Tisch rechts im Vordergrund? Sie wartet auf den jungen Herrn mit der Mappe usw.

(12-b)

ÜBUNGEN

1. Bilden Sie Sätze!
a. Es ist schade, daß ... *b.* warten auf. *c.* da drüben. *d.* sich treffen. *e.* Ich habe ganz und gar vergessen, daß ... *f.* heute nachmittag.

2. Zwei Studenten unterhalten sich in einem Café über Paul, Hans, Käte und Rita. Der eine kennt Paul und weiß, daß Hans zu Besuch ist. Er hat ihn in der Deutschstunde und später im Studentenheim mit Rita gesehen. Der andere kennt Käte. Sie wohnt nicht weit von ihm usw.

(13-a)

A. MÜNDLICHE ÜBUNGEN

1. Beantworten Sie die folgenden Fragen!
   a. Wohin sind beide Mädchen gegangen? *b.* Warum sind Paul und Hans in die Stadt gefahren? *c.* Nennen Sie vier öffentliche Gebäude! *d.* Was für Schuhe kann man in dem Schuhladen kaufen? *e.* Wieviel Stockwerke hat das Warenhaus? *f.* Was für Kleidungsstücke sind im linken Schaufenster ausgestellt? *g.* Was ist ein Hochhaus? *h.* Nennen Sie einige Blumen! *i.* Was kauft Hans seinem Vater? *j.* Wo steht der Schutzmann?

2. Bilden Sie kurze Sätze!
   a. Hauptstraße, viel Verkehr. *b.* Gummischuhe, können, kaufen, Schuhladen. *c.* Müssen, sich kaufen, ein Paar Strümpfe. *d.* Paul, kaufen, Kiste Zigarren, Vater. *e.* Schutzmann, stehen, gegenüber, Warenhaus.

3. Nennen Sie den Plural der folgenden Substantive!
   der Freund, der Omnibus, die Straße, der Laden, das Gebäude, das Krankenhaus, der Laden, der Schuh, das Schaufenster, der Anzug, der Mantel, der Arzt, die Laterne.

(13-b)

ÜBUNG

Zwei Freunde sind im Geschäftsviertel. Sie unterhalten sich über die Gebäude und über den Schutzmann. Der eine will sich ein Paar braune Straßenschuhe kaufen, der andere eine Krawatte usw.

(14-a)

A. MÜNDLICHE ÜBUNGEN

1. Beantworten Sie die folgenden Fragen!
   a. Was hat ein Student gewöhnlich auf? *b.* Was tut er oft
   nach der Arbeit? *c.* Wie oft gehen Sie ins Kino? *d.* Wann
   sind unsere Freunde ins Kino gegangen? *e.* Wer hat die
   Karten gekauft? *f.* Wieviel kostet gewöhnlich eine Karte?
   g. Was hat Hans gekauft? *h.* Wo lesen wir den Namen des
   Lichtspielhauses? *i.* Was sehen wir in den Schaukästen?
   j. Was kann man sich an dem Zeitungsstand kaufen?
2. Ein Student stellt Fragen, ein anderer beantwortet sie.
3. Der Lehrer nennt Substantive und Verben. Ein Student
   bildet eine Frage, ein anderer beantwortet sie.

B. SCHRIFTLICHE AUFGABE

Beschreiben Sie, was Sie vor dem Kino sehen!

(14-b)

ÜBUNG

Sie sind Paul. Erzählen Sie uns, daß Sie gestern mit Ihren
Freunden im Kino waren. Zum Beispiel: Gestern war ich mit
drei Freunden im Kino. Hans war bei mir zu Besuch. Käte
und Rita sind Studentinnen usw.

(15-a)

A. MÜNDLICHE ÜBUNGEN

1. Beantworten Sie die folgenden Fragen!
   a. Mit welchem Zug fährt Hans nach Hause? *b.* Warum hat
   er sich keine Fahrkarte gelöst? *c.* Auf wen warten unsere
   Freunde? *d.* Was hat Hans in der Hand? *e.* Was ist darin?

f. Von welchem Bahnsteig fährt der Zug ab? *g.* Wieviel Fahrgäste sehen Sie? *h.* Was tut der Gepäckträger, wenn der Fahrgast viele Koffer hat? *i.* Warum geht die junge Dame in die Fernsprechzelle? *j.* Ist der Zug pünktlich abgefahren?

2. Lesen Sie die folgenden Sätze im Perfekt!

a. Der Zug fährt pünktlich ab. *b.* Er löst sich eine Rückfahrkarte. *c.* Sie steigt ein. *d.* Er macht eine lange Reise. *e.* Sie haben viel Gepäck. *f.* Er trägt den Koffer selbst.

3. Bilden Sie Fragen im Perfekt aus den Sätzen unter (2)!

B. SCHRIFTLICHE AUFGABE

Beschreiben Sie, was Sie auf dem Bilde sehen!

(15-b)

ÜBUNG

Haben Sie Lust, einen Brief an Rita zu schreiben?

General Vocabulary

Figures and letters in brackets refer to the lesson in which the word appears for the first time. For additional explanations concerning the vocabulary, see page xiii.

ab-biegen (bog ab, ist abgebogen) to turn off [4-c]

die Abendausgabe (–n) evening edition [14-a]

das Abendbrot (–s) evening meal (dinner) [2-a]

das Abendkleid (–s, –er) evening gown [13-a]

abends in the evening [3-a]

aber but [1-b]

ab-fahren (ist) to leave [15-a]

abgemacht! that's settled! [12-b]

ab-holen to call for [11-b]

ab-nehmen to lose weight [10-b]

abonnie'ren auf to subscribe to [8-c]

die Abtei'lung (–en) department [6-a]

die Abwechslung (–en) change [14-a]

ab-wischen to erase (*from the black-board*) [7-a]

ach oh   **Ach so!** Oh, I see! [5-b]

acht eight [1-a]

achtstöckig eight-story [13-a]

die Adres'se (–n) address [15-b]

aha' oh, I see [1-b]

die Ahnung idea   **Haben Sie eine Ahnung?** Do you have any idea? [9-c]

akade'misch academic [8-a]

alle all [5-a]; every [5-b]

allein' alone [2-a]

allerdings' of course [11-b]

allerlei a great variety of [10-a]

alles everything [10-a]

als as [1-b]; (*after comp.*) than [4-b]   **als Nachtisch** for dessert [10-b]   **nichts als** nothing but [13-b]

also therefore [4-a]; well then [12-b]

alt (älter, ältest-) old [4-b]   **die alten Sprachen** the classical languages [6-a]

das Amtszimmer (–s, –) office [6-a]

sich amüsie'ren to amuse oneself, have a good time [9-a]

an at, by, from, on [1-a]

an-bieten (bot an, angeboten) to offer [3-a]

ander- other [7-a]   **Man kann ja doch nichts anderes tun als warten.** There's nothing to do but wait anyway. [9-c]

der Andrang (–s) rush, crowd [10-a]

an-drehen to turn on [7-a]

an-fangen (fängt an, fing an, angefangen) to begin [12-b]

an-geben to indicate   **wird angegeben** is shown [14-a]

angenehm pleasant [4-b]   **Sehr angenehm.** How do you do? [5-b]

die Angst anxiety   **Angst haben** to be afraid [7-a]

an-kommen (ist) to arrive [6-b]   **Das kommt ganz darauf an.** That all depends. [10-c]

an-nehmen to suppose [13-b]

die Anrichte (–n) sideboard [2-a]; steam table, counter [10-a]

an-rufen to call up [15-a]

das Anschauungsbild (–es, –er) illustrative picture [7-a]

sich an-schließen (schloß an, angeschlossen) to join [8-b]

sich (*dat.*) **an-sehen** to look at, take a look at [3-a]; to watch [11-b]

der Anspruch (–s, ⸚e) claim   **in Anspruch nehmen** to take up [11-b]

an-stellen to turn on [3-a] **sich an-stellen** to stand [10-a]

die Anzahl number [8-c]

das Anziehen dressing [1-b]

der Anzug (–s, ⸚e) suit [13-a]

der Apfel (–s, ⸚) apple [2-a]

die Apfelsi'ne (–n) orange [2-a]

der Apfelsi'nensaft (–s) orange juice [2-a]

der Apparat' (–s, –e) radio (set) [3-a]

der Appetit' appetite **Guten Appetit!** I hope you will enjoy your meal. [10-b] **Ich habe keinen Appetit darauf.** I have no appetite for it. I don't care for any. [10-b] **worauf man Appetit hat** for which one has an appetite [10-a]

die Arbeit (–en) work **schriftliche Arbeiten** written exercises [7-c]

arbeiten to work; to study [1-b]

das Arbeitszimmer (–s, –) study [1-a]

sich ärgern über to be provoked at [6-c]

der Arm (–es, –e) arm [4-a]

arm poor [15-b]

die Art (–en) kind [11-a]

der Arzt (–es, ⸚e) doctor [13-a]

der Aschenbecher (–s, –) ash tray [3-a]

auch also [1-a]; too [2-b] **auch ... nicht** not ... either [7-a] **Ich auch nicht.** Neither am I. [4-b] **auch noch nicht** not ... yet either [9-b]

das Audito'rium (–s, –riën) auditorium [9-a]

auf on, upon [1-a] **auf deutsch** in German [7-b]

die Auffahrt (–en) driveway [4-a]

auffallend noticeably [12-c]

Aufgabe (–n) lesson [1-a]

aufgeschlagen (*p.p.*) opened (*speaking of a book*) [9-a]

auf-haben to have homework to do [8-b, 14-a]; to wear [12-a]

auf-hören to stop [12-b]

sich auf-klären to clear up [11-c]

auf-rufen (rief auf, aufgerufen) to call on [7-b]

der Aufsatz (–es, ⸚e) theme [14-a]

auf-stehen (stand auf, ist aufgestanden) to get up [1-b]

das Auge (–s, –n) eye [8-b] „**Aus den Augen, aus dem Sinn!**" "Out of sight, out of mind!" [15-b]

der Augenblick (–s, –e) moment [3-b] **im Augenblick** at the moment [9-b]

augenblicklich just now [8-b]

aus out of, from [2-a]

Ausgeschlossen! That's impossible! [7-c]

ausgezeichnet excellent, wonderful [2-b]

die Ausnahme (–n) exception [7-b]

aus-packen to unpack [1-c]

sich aus-ruhen to rest [9-a]

aus-sehen to look [3-a]

aus-steigen (stieg aus, ist ausgestiegen) to get off [13-a]; to get out [14-a]

aus-stellen to display **sind ausgestellt** are on display [13-a]

sich (*dat.*) **aus-suchen** to choose, select [10-a]

aus-trinken to drink up; to finish [12-a]

die Auswahl selection [10-a]

auswendig lernen to memorize [1-b]

das Auto (–s, –s) automobile, car [4-a]

der Autobesitzer (–s, –) car owner [13-a]

die Bäckerei' (–en) bakery [5-a]

das Badezimmer (–s, –) bathroom [4-a]

der Bahnhof (–s, ⸚e) railroad station [4-b]

der Bahnsteig (–s, –e) platform, track [15-a]

bald soon [3-b]

der Balkon' (–s, –e) balcony [9-a]

die Bana'ne (–n) banana [2-a]

die **Bank** (*x*e) bench [8-b]
der **Baseball** (–s) (*pron.* Base- *as in Engl.*) baseball [11-b]
die **Baseballmannschaft** (–en) baseball team [11-a]
der **Baum** (–es, *x*e) tree [4-a]
der **Beamte** (–n, –n) official, conductor [15-a]
beantworten to answer [7-c]
bedienen to wait on [12-a] **sich bedienen** to help oneself [2-c] **sich (selbst) bedienen** to serve oneself [10-a]
sich beeilen to hurry [6-a]
sich befinden (befand, befunden) to be [4-a]
begabt gifted [7-b]
sich begeistern für to be enthusiastic about [11-b] **begeistert** (*p.p.*) enthusiastic [11-a]
beginnen (begann, begonnen) to begin [6-a]
begleiten to accompany [8-b]
bei by, near, at, with, on [5-a]
beide both [2-a] **die anderen beiden** the other two [10-a] **die beiden** those two [11-b] **beides** both [2-b]
bekannt familiar [9-b] **bekannt machen** to introduce [5-b]
die **Bekanntschaft** (–en) acquaintance [5-b]
bekommen (bekam, bekommen) to receive, get [4-b] **Wir bekommen schönes Wetter.** We are going to have nice weather. [10-c]
belegen to take (*a subject*) [6-a]
beliebt popular [12-a]
bellen to bark [4-a]
bequem comfortable [3-a]
der **Beruf** (–s, –e) profession [1-c]
berühmt famous [8-a]
die **Beschreibung** (–en) description [1-a]
besetzt (*p.p.*) occupied, taken [12-a]

sich besinnen auf (besann, besonnen) to recall [9-b]
besonders especially, particularly [7-b]
besprechen (bespricht, besprach, besprochen) to discuss [7-a]
besser (*comp. of* **gut**) better [5-b]
best- (*sup. of* **gut**) best [6-a] **am besten** best of all [11-c] **zum besten haben** to make fun of [12-c]
bestehen aus to consist of [13-a]
bestellen to order [12-a]
die **Bestellung** (–en) order [12-a]
bestimmt certainly [13-c]
der **Besuch** (–s, –e) visit **zu Besuch** on a visit [1-a] **Mein Freund ist bei mir zu Besuch.** My friend is visiting me. [5-b]
besuchen to visit [5-b]; to attend [1-a]
betragen (beträgt, betrug, betragen) to amount to [4-a]
das **Bett** (–es, –en) bed [1-a]
die **Bewegung** movement **sich etwas Bewegung machen** to take some exercise [4-c]
bezahlen to pay [10-a]
bezweifeln to doubt [11-c]
die **Bibliothek'** (–en) library [6-a]
biegen (bog, ist gebogen) to turn [5-a]
das **Bier** (–s) beer [12-b]
das **Bild** (–es, –er) picture [1-a]
die **Birne** (–n) pear [2-a]; bulb, light [14-a]
bis until; to [1-b] *Joined with a preposition to give it additional force; do not translate.* [5-b]
bißchen: ein bißchen for a moment [9-c]
bitte please [1-b] **Aber bitte!** Please do! [2-b]
bitten um (bat, gebeten) to ask for [2-c]
blau blue [8-b]
bleiben (blieb, ist geblieben) to stay

... **wo er bleibt** what is keeping him [9-b]

der **Bleistift** (–s, –e) pencil [1-a]

der **Blick** (–es, –e) view [9-a]

blond blond [9-b]

die **Blume** (–n) flower [2-a]

der **Blumenkohl** (–s) cauliflower [10-b]

der **Blumenladen** (–s, ⸗) flower shop [5-a]

die **Bluse** (–n) blouse [13-a]

das **Blut** blood **Nur ruhig Blut!** Oh, keep cool! [9-c]

das **Bonbon'** (–s, –s) hard candy [14-a]

böse auf angry with [15-b]

brauchen to need, be in need of [7-b]; (*with infinitive*) to have to [10-a]

braun brown [13-a]

das **Bridge** bridge (*card game*) [9-a]

der **Brief** (–es, –e) letter [4-a]

der **Briefkasten** (–s, ⸗) mailbox [4-a]

der **Briefträger** (–s, –) mailman [4-a]

die **Brille** (–n) pair of spectacles, glasses [7-a]

bringen (brachte, gebracht) to bring [2-b]; to take [15-b]

Brockhaus (*proper name*): der **Große Brockhaus** *a German reference book* [8-c]

das **Brot** (–es, –e) bread [2-b]

das **Brötchen** (–s, –) roll [10-a]

der **Bruder** (–s, ⸗) brother [4-b]

das **Buch** (–es, ⸗er) book [1-a]

das **Bü'cherregal'** (–s, –e) bookshelf [1-a]

der **Buchstabe** (–n, –n) letter [14-a]

büffeln to cram [11-c]

die **Bühne** (–n) stage [9-a]

bunt gay-colored [14-a]

der **Bürgersteig** (–s, –e) sidewalk [4-a]

das **Büro'** (–s, –s) office [13-a]

die **Butter** butter [2-a]

das **Café'** (–s, –s) café [12-a]

der **Campus** (–ses, –se) (*pron. as in English*) campus [3-b]

das **College** (–s, –s) (*pron. as in English*) college [1-a]

das **College-Jahrbuch** (–s, ⸗er) college yearbook [3-b]

da there [1-b] **ist noch nicht da** hasn't arrived yet [15-a]

das **Dach** (–es, ⸗er) roof [4-a]

dage'gen against it **Ich habe nichts dagegen.** I have no objection. It's all right with me. [10-b]

d.h. (das heißt) that is [10-a]

die **Dame** (–n) lady [6-b]

die **Damenkleidung** women's clothing [13-a]

dane'ben next to it [2-a]

der **Dank: Besten Dank!** Thank you very much! [15-b]

danke thank you [1-b] **danke bestens** thank you very much [3-c] **danke schön** thank you very much [10-b]

dann then [1-b] **dann und wann** now and then [8-b]

daran' of it [14-b]

darauf' on it [1-a]

darin' in it [1-a]

darü'ber about it [13-b]

dassel'be the same [12-b]

der **Dauerlauf** (–s) long-distance running, cross-country race [11-a]

dauern to last; to take [5-b]

davon' of it [1-a]

davon'-laufen (läuft davon, lief davon, ist davongelaufen) to run away [12-b]

dazu' to it, for it [8-b]

die **Decke** (–n) ceiling [1-a]

der **Dekan'** (–s, –e) dean [6-a]

denken (dachte, gedacht) to think **Das hab' ich mir gedacht!** I thought so! [9-b]

denn for [6-a] *Denn is used in questions for the expression of lively interest or of impatience; express meaning by the tone of the voice;* **denn** *is not accented.* [1-b]

deshalb for that reason [7-a]

der **Detektiv'roman'** (–s, –e) detective story [8-b]

(das) **Deutsch** German [1-b]

deutsch German [1-a] **auf deutsch** in German [1-a]

die **Deutschstunde** (–n) German class [1-b]

der **Dichter** (–s, –) writer, poet [8-a]

der **Diener** (–s, –) servant, Pullman porter [15-a]

dieser, diese, dieses this [2-a]

das **Diktat'** (–s, –e) dictation [7-a]

diktie'ren to dictate [7-c]

das **Ding** (–es, –e) thing [13-b]

doch surely [3-b]; anyway [12-b]; won't we [6-b]; don't you [13-b]; why don't you [15-b]; you know [5-c] **doch wohl** can't you? aren't you? [12-b] *Doch is used in place of* ja *to answer a negative question affirmatively when a negative answer is expected; translate with* Oh, yes, I do! [3-c]

der **Dollar** (–s, –) dollar [4-b]

das **Doppelspiel** (–s, –e) doubles [11-a]

dort there [2-b]

dorthin there [8-b]

draußen outside [4-a]

die **Drehtür** (–en) revolving door [12-a]

drei three [1-a]

dreimal three times [11-c]

dreistöckig three-story [13-a]

drinnen within **Ich möchte sie mir auch drinnen ansehen.** I should like to see it from the inside too. [6-c]

dritt- third [4-c]

die **Drogerie'** (–n) drugstore [5-a]

drüben: da drüben over there (**da** *is used for emphasis*) [5-b]

die **Drucksache** (–n) (piece of) printed matter [4-a]

dumm stupid [2-c]

dunkel dark [7-a]

dünn thin; weak [12-b]

durch through [2-a]

durch-fallen (fällt durch, fiel durch, ist durchgefallen) to fail in an examination, "flunk" [7-a]

dürfen (darf, durfte, gedurft) may, be allowed [2-b] **Das darf ich nicht.** I mustn't do that. [15-b]

durstig thirsty [12-a]

eben just [7-a]

die **Ecke** (–n) corner [1-a]

der **Ecktisch** (–s, –e) corner table; booth [12-a]

das **Ei** (–es, –er) egg [2-c]

eigen own [3-c]

eigentlich really [12-b]; actually [5-c] *But in questions it has the meaning of* I should like to know; *translate by* Tell me *or omit.* [9-b]

eilen (ist) to hurry „Eile mit Weile!" "Haste makes waste!" [7-a]

eilig hurriedly **ich habe es nicht eilig** I am not in a hurry [6-b] **Warum haben Sie es denn so eilig?** Why are you in such a hurry? [6-b]

einan'der one another [12-a]

einfach (*adv.*) simply [15-b]

ein-fallen (fällt ein, fiel ein, ist eingefallen) to occur **Mir ist eben etwas eingefallen.** I just thought of something. [13-b]

das **Ein'fami'lienhaus** (–es, ⸚er) private home [4-a]

der **Eingang** (–s, ⸚e) entrance [13-b]

die **Eingangstür** (–en) entrance door [14-a]

eingerichtet (*p.p.*) furnished [9-a]

einige some [3-b]

einkaufen gehen (ist) to go shopping [5-a]

ein-laden (lud ein, eingeladen) to invite, ask [9-b]

einmal once [14-a]

eins one **halb eins** half past twelve [2-b]

ein-schlafen (ist) to fall asleep [9-a]

ein-steigen (stieg ein, ist eingestiegen) to get in [5-b]; to board the train [15-a] „Einsteigen!" "All aboard!" [15-a]

ein-treten (tritt ein, trat ein, ist eingetreten) to enter [6-a]

einundzwanzig twenty-one [6-a]

der Einwohner (–s, –) inhabitant [4-c]

die Einwohnerzahl (total) population [4-a]

das Einzelspiel (–s, –e) singles [11-a]

der Eisenbahnwagen (–s, –) railroad coach [15-a]

der Eistee (–s) iced tea [10-a]

elegant' smartly dressed [15-a]

elek'trisch electric [7-a]

elf eleven [8-b]

die Eltern (*pl.*) parents [2-a]

empfehlen (empfiehlt, empfahl, empfohlen) to recommend [8-c]

das Ende (–s) end [7-a]

endlich finally, at last [9-b]

(das) Englisch English [1-b]

englisch English [1-a]

entgegen-nehmen to take (*an order*) [12-a]

entlang-gehen (ist) to go along [10-a]

entscheiden (entschied, entschieden) to decide [7-b]

sich **entschließen** (entschloß, entschlossen) to decide [1-c]

entschuldigen to excuse **Entschuldigen Sie bitte!** Excuse me please! [6-b] **Entschuldigen Sie mich bitte einen Augenblick!** Please excuse me for a moment! [3-b]

entweder ... oder either ... or [15-b]

entzückend stunning [13-c]

das Erdbeereis (–es) strawberry ice cream [10-b]

die Erd'beermarmela'de strawberry jam [2-b]

das Erdgeschoß (–schosses, –schosse) first floor [4-a]

die Ergänzung (–en) supplement [1-c]

erinnern an to remind of [12-b]

erkennen (erkannte, erkannt) to recognize [11-a]

erledigen to bring to a close **Das wäre erledigt!** That's done! [13-c]

erleuchtet (*p.p.*) illuminated [14-a]

der Ernst seriousness **im Ernst** seriously [8-b]

erraten (errät, erriet, erraten) to guess [5-c]

erst first **Wir haben es erst seit einer Woche.** We have had it only a week [2-b] **erst halb eins** not until half past twelve [2-b] **im ersten Stock** on the second floor [4-a]

erstklassig first-rate **Er spielt wirklich erstklassig.** He is really a first-rate player. [9-b]

erzählen to tell [7-b]

essen (ißt, aß, gegessen) to eat [1-b] **Abendbrot essen** to have the evening meal (dinner) [2-a]

das Essen (–s) meal „Nach dem Essen sollst du stehn oder tausend Schritte gehn." "After eating you are supposed to stand up or take a thousand steps." *Similar to:* "After dinner sit awhile, after supper walk a mile." [3-c]

der Eßlöffel (–s, –) soup spoon [10-a]

der Eßtisch (–s, –e) dining table [2-a]

das Eßzimmer (–s, –) dining room [2-a]

etwas something, some [2-b]; a little [4-b]

das Fach (–es, ⸚er) subject [7-b]
der Fahrdamm (–s, ⸚e) street (part of the street reserved for vehicles) [5-a]
fahren (fährt, fuhr, ist gefahren) to drive, go [5-a]; to leave [14-b] auf der rechten Seite fahren to keep to the right [5-a] fahren über to go across [5-a]
der Fahrgast (–s, ⸚e) passenger [15-a]
die Fahrkarte (–n) railroad ticket [15-a]
der Fahrpreis (–es, –e) fare [14-a]
das Fahrrad (–s, ⸚er) bicycle [5-a]
die Fahrt (–en) trip [5-b]
das Fahrzeug (–s, –e) vehicle [5-a]
fällig due [8-c]
die Fami'lič (–n) family [2-a]
fast almost [5-a]
fehlen to be absent [7-a]
das Fenster (–s, –) window [2-a]
der Fensterladen (–s, –) shutter [4-a]
die Feričn (pl.) vacation [11-b]
ferner furthermore [13-a]
die Fernsprechzelle (–n) telephone booth [15-a]
fertig: ich bin fertig I finished [1-b] sind fast fertig mit Essen are almost through eating [10-a]
das Feuer (–s, –) fire [3-a]
die Figur' (–en) figure [10-b]
der Film (–es, –e) film [14-a]
der Filmschauspieler (–s, –) movie actor [12-c]
der Filmstern (–s, –e) film star [14-a]
finden (fand, gefunden) to find [8-a]
der Finger (–s, –) finger [1-c]
der Fisch (–es, –e) fish [10-a]
fischen to fish [10-b]
der Fleck (–es, –e) spot [2-c]
das Fleisch (–es) meat [10-a]
fleißig industrious [8-a]

der Flügel (–s, –) wing [11-a]; grand piano [3-a]
folgen to follow [15-a]
die Frage question Das kommt nicht in Frage That is out of the question. [6-b]
fragen to ask [8-b]
(das) Franzö'sisch French [6-a]
französisch French [1-a]
die Frau (–en) woman; Mrs. [2-a]
das Fräulein (–s, –) young lady; Miss [5-a]; used in addressing a waitress [12-b]
frei free [11-b]; vacant, unoccupied [10-b]
die Freistunde (–n) free period [8-a]
der Freitag (–s, –e) Friday [1-a]
die Freitreppe (–n) outside steps [8-a]
die Freizeit spare time [9-a]
das Fremdenzimmer (–s, –) guest room [4-a]
die Fremdsprache (–n) foreign language [6-a]
sich freuen to be glad [14-b] sich freuen auf to look forward to [11-b] sich freuen über to be happy about [13-b]
der Freund (–es, –e) friend [1-a]
die Freundin (–nen) girl friend [1-b]
freundlich friendly [8-a]
frisch fresh [2-b]
früh early [1-b]
(das) Frühstück: Frühstück essen to have breakfast [1-b]
führen to lead [2-a] an der Leine führen to have on a leash [14-a]
die Füllfeder (–n) fountain pen [1-a]
fünf five [5-b]
fünfzehn fifteen [5-b]
fünfzehnhundert fifteen hundred [9-a]
für for [4-b]
furchtbar terrible [9-b]
der Fuß (–es, ⸚e) foot zu Fuß on foot [3-c]

der **Fußball** (–s, ⸚e) football [11-a]

die **Fußballmannschaft** (–en) football team [11-a]

der **Fußballplatz** (–es, ⸚e) football field [11-a]

das **Fußballspiel** (–s, –e) football game [11-b]

der **Fußballspieler** (–s, –) football player [9-b]

der **Fußgänger** (–s, –) pedestrian [5-a]

die **Gabel** (–n) fork [2-a]

gähnen to yawn [1-a]

ganz entire(ly) [2-b, 3-a]   **ganz allein** all by herself [12-a]   **ganz gewiß** certainly I do [14-b]   **ganz gut** pretty well [3-a]   **ganz hinten** 'way towards the back [15-a]   **ganz links** clear to the left [7-a]

gar even [3-c]   **gar nicht** not at all [11-b]   **ganz und gar** entirely [12-b]

die **Gara′ge** (–n) garage [4-a]

die **Gara′gentür** (–en) garage door [4-a]

die **Garde′niě** (–n) gardenia [13-a]

die **Gardi′ne** (–n) curtain [2-a]

der **Garten** (–s, ⸚) garden [2-a]

der **Gast** (–es, ⸚e) guest [1-b]; customer [12-a]

die **Gastfreundschaft** hospitality [15-b]

das **Gebäude** (–s, –) building [6-a]

geben (gibt, gab, gegeben) to give   **es gibt** we have [2-b]   **was heute im Kino gegeben wird** what picture is on at the show today [12-c]

der **Gebrauch** (–s, ⸚e) use [8-c]

gebrauchen to use [1-c]

die **Geburtsstadt** (⸚e) native town [4-a]

der **Gedanke** (–ns, –n) thought, idea [13-b]

die **Geduld** patience [5-b]

der **Gefallen** (–s, –) favor [10-c]

gefallen (gefällt, gefiel, gefallen) to please   **mir gefällt** I like [2-b, 3-b]   **es wird mir gefallen** I am going to like it [3-b]   **Wie gefällt Ihnen ...?** How do you like ...? [4-b]

gefällig? would you like? [12-b]

gegen against [11-a]

die **Gegend** (–en) neighborhood [5-c]

das **Gegenteil** (–s, –e) contrary   **im Gegenteil** on the contrary [14-b]

gegenüber opposite [2-a]

der **Gegner** (–s, –) opponent [11-a]

das **Geheimnis** (–ses, –se) secret [7-c]

gehen (ging, ist gegangen) to go [3-b]; to walk [5-a]   **Geht Ihre Uhr richtig?** Is your clock right? [3-c]   **So geht's im Leben!** Such is life! [14-a]   **Wie geht's?** How are you? **Und Ihnen?** (**Und wie geht es Ihnen?**) And how are you? [5-b]   **Wie lange gehen Sie schon aufs College?** What year are you in? [5-b]

das **Gehör** (–s) hearing   **nach Gehör** by ear [3-a]

gehören to belong to [4-a]

gekocht (*p.p.*) boiled [2-c]

gelb yellow [5-a]

das **Geld** (–es) money [13-b]

die **Gelegenheit** (–en) opportunity   **Gelegenheit haben zu** to have an opportunity for [14-c]

das **Gemüse** (–s, –) vegetable [10-a]

gemütlich comfortable, cozy [3-a]

genau exactly [6-c]

das **Genie′** (–s, –s) genius [10-b]

genug enough [1-b]

genügen to be enough [13-c]

geöffnet (*p.p.*) open [8-a]

das **Gepäck** (–s) baggage [15-a]

der **Gepäckträger** (–s, –) porter, redcap [15-a]

gerade just [1-b]   **gerade so** just as [8-b]

geradeaus′ straight ahead [8-c]

geräumig spacious [9-a]

gern(e) gladly [6-b] **ich ... sehr gern** I like to ... very much [2-b] **ich möchte gern** I should like to [1-b] **gern haben** to like [4-b]; to be fond of [9-c]

das **Geschäft** (–s, –e) business; office [5-a]

das **Geschäftsviertel** (–s, –) business district [4-a]

die **Geschichte** history [1-b]

der **Geschmack** (–s) taste [1-b]

geschmackvoll tasteful, in good taste [9-a]

die **Geschwister** (*pl.*) sisters and brothers [4-b]

das **Gesellschaftszimmer** (–s, –) drawing room, lounge [8-b]

das **Gesicht** (–s, –er) face **Warum machen Sie so ein trauriges Gesicht?** Why do you look so sad? [14-b]

gespannt sein to be eager to know [7-a]

das **Gespräch** (–s, –e) conversation [1-b]

gestern yesterday [4-b] **gestern abend** last night [6-b] **gestern nachmittag** yesterday afternoon [15-b]

gesund healthful [11-a]

das **Getränk** (–s, –e) beverage [10-a]; order [12-b]

gewinnen (gewann, gewonnen) to win [9-a]

gewiß certain(ly) [3-b]; no doubt [13-b]

das **Gewitter** (–s, –) thunderstorm [3-c]

sich **gewöhnen an** to get used to [7-c]

gewöhnlich usually [3-a]

das **Glas** (–es, ⁓er) glass [2-a]

das **Glasdach** (–es, ⁓er) glass roof, canopy [14-a]

das **Glasgestell** (–s, –e) glass shelf [10-a]

glauben to believe [3-b]

gleich right away, immediately [1-b]; very soon, in a moment [15-b]; almost [14-b]

gleichfalls likewise **Gleichfalls!** The same to you! [10-b]

das **Glück: Ein Glück, daß ...** It was lucky for me that ... [7-c]

glücklicherweise fortunately [1-b]

der **Glückspilz** (–es, –e) lucky fellow [4-b]

gnädiges Fräulein: *used only for addressing a young lady. Translate with* Miss *and surname.* [6-b]

(die) **Goethestraße** Goethe Street [4-a]

(das) **Golf** (–s) golf [11-a]

die **Grammatik** (–en) grammar [7-b]

das **Grammophon'** (–s, –e) phonograph [3-a]

(das) **Griechisch** Greek [6-a]

groß (größer, größt-) large, big [1-a, 6-a]; tall [4-b]

die **Großmutter** (⁓) grandmother [4-b]

grün green [4-a]

der **Gummiknüppel** (–s, –) (policeman's) club [13-a]

der **Gummischuh** (–s, –e) rubber (overshoe) [13-a]

gut good; well [1-b]

das **Gute: „Alles Gute hat ein Ende!"** "All good things come to an end!" [14-b]

Gutes: was Gutes something good [10-b]

das **Haar** (–es, –e) hair [9-b]

haben (hat, hatte, gehabt) to have [1-a] **Alles ist zu haben.** Everything can be had. There is some of everything. [10-a]

der **Haken** (–s, –) hook [12-a]

halb half [1-b]

Halt! Stop! [5-b]

halten (hält, hielt, gehalten) to hold; to take [9-a]; to give [9-a]

die Haltestelle (–n) (bus) stop [5-b]

die Hand (ᵘe) hand [1-a]

handeln to act [7-a]; to deal [7-c]

der Handkoffer (–s, –) suitcase [15-a]

der Handschuh (–s, –e) glove [13-a]

hängen (hing, gehangen) (intrans.) to hang [1-a]

hängen (trans.) to hang [12-a]

das Hauptfach (–s, ᵘer) major, field of concentration [1-c]

hauptsächlich chiefly, above all [13-a]

die Hauptstraße (–n) main street [13-a]

das Haus (–es, ᵘer) house [2-a] nach Hause home [10-a] zu Hause at home [2-a]

das Hauskleid (–es, –er) house dress [13-a]

die Hausnummer (–n) house number [4-a]

der Hausschuh (–s, –e) house shoe [13-a]

die Haustür (–en) front door [4-a]

das Heft (–es, –e) notebook; bluebook [7-a]

heißen (hieß, geheißen) to be called So heißt Pauls Freund. That is the name of Paul's friend. [1-a] Wie heißt sie? What is her name? [1-b]

der Heizkörper (–s, –) radiator [2-a]

hell light [7-a]; bright(ly) [14-a]

das Hemd (–es, –en) shirt [1-a]

heraus' out [14-b]

der Herbst (–es, –e) fall [11-a]

herein'-kommen (ist) to come in-(side) [12-a]

der Herr (–n, –en) gentleman; Mr. [2-a]

die Herrenkleidung men's clothing [13-a]

herrlich wonderful [8-b]

die Herrschaft: meine Herrschaften ladies and gentlemen [5-b]

heute today [1-a] heute abend to-night [12-b] heute früh this morning [10-c] heute nachmittag this afternoon [10-b] heute vormittag this morning [5-c]

heutig- today's [7-a]

hier here [1-a]

hierher' here (her expresses motion toward the speaker) [15-b]

hin: used with verbs of motion to express motion away from the speaker [6-b]

hinauf'-führen to lead up [8-a]

hinaus'-sehen to look out [9-c]

hinein'-kommen (ist) to come inside [8-c]; to get on [14-b]

sich hin-setzen to sit down Wo soll ich mich hinsetzen? Where shall I sit? [2-b]

hinten behind; at the end [10-a]; in the back [15-a]

hinter behind [3-a]

der Hintergrund (–s) background [2-a]

hoch (höher, höchst-) (when followed by e of the inflected cases, ch becomes h) high; tall [4-a]

die Hochbahn (–en) elevated (railway) [5-a]

das Hochhaus (–es, ᵘer) skyscraper [13-a]

der Hochsprung (–s) high jump [11-a]

höchst- (sup. of hoch) highest [13-b]

höchstens at the most [11-b]

hoffentlich I hope [4-b]

höher (comp. of hoch) higher [13-a]

holen to get [2-b]

sich (dat.) holen to get (for) oneself [10-a]; to take out [8-a]

der Honig (–s) honey [2-b]

hören to hear [1-b]; to listen [7-c]

die Hose (–n) trousers [13-a]

hübsch pretty [1-b]

das Huhn (–s, ⸚er) hen, chicken [10-c]

der Hund (–es, –e) dog [4-a]

der Hunger (–s) hunger **Hunger haben** to be hungry [1-a, 9-b]

hungrig hungry [2-a]

der Hut (–es, ⸚e) hat [12-a]

die Hutschachtel (–n) hatbox [15-a]

ihr her [6-a]; their [8-a]

Ihr your [1-b]

illustriert' (*p.p.*) illustrated [14-a]

immer always [1-b]

in in [1-a]

interessant' interesting [3-b]

sich interessie'ren für to be interested in [11-a]

irgendein some type of [11-a]

irgendwo somewhere [6-c]

(das) Italie'nisch Italian [6-a]

ja yes [2-b] *If* ja *is unstressed, start sentence with* Why *or do not translate.* [3-b]

die Jacke (–n) coat [13-a]

das Jahr (–es, –e) year [4-a]

jawohl' yes, indeed [13-b]

je each, apiece [2-a]

jedenfalls in any case [7-c]

jeder, jede, jedes each [1-a]; every [1-b]

jemand somebody [7-a]; anybody [12-c]

jetzt now [1-b]

die Jugendliebe (–n) first love [5-b]

jung young [6-b]

der Junge (–n, –n) boy [9-a] **der gute Junge** the good fellow [12-c]

der Kaffee (–s) coffee [2-b]

die Kaffeekanne (–n) coffee pot [2-a]

kalt cold [10-a]

der Kamin' (–s, –e) fireplace [3-a]

die Kappe (–n) cap [8-a]

der Karren (–s, –) (baggage) cart [15-a]

die Karte (–n) ticket (of admission) [14-a]

die Kartof'fel (–n) potato [10-b]

das Kartof'felmus' mashed potatoes [10-a]

die Kasse (–n) cash register [10-a]; ticket window [14-a]

die Kassie'rerin (–nen) (woman) cashier [10-a]

die Katze (–n) cat [4-b]

der Katzensprung (–s, ⸚e) cat's leap **Es ist nur ein Katzensprung.** It is just a stone's throw. [13-c]

kaufen to buy [3-b]

der Kaugummi (–s) chewing gum [12-a]

kein no [2-b]

der Keller (–s, –) cellar [4-a]

das Kellergeschoß (-schosses, -schosse) basement [10-a]

die Kellnerin (–nen) waitress [12-a]

kennen (kannte, gekannt) to know **Kennen Sie ... schon lange?** Have you known ... for a long time? [5-b]

kennen-lernen to become acquainted with, meet [5-b]

die Kerze (–n) candle [2-a]

das Kind (–es, –er) child [4-b]

das Kino (–s, –s) movie; show [12-b]

die Kiste (–n) (wooden) box [13-a]

der Klappstuhl (–s, ⸚e) folding chair [9-a]

die Klasse (–n) class [7-a]

das Klassenzimmer (–s, –) classroom [7-a]

klassisch classical [3-a]

das Klavier' (–s, –e) piano [3-a]

die Klavier'stunde (–n) piano lesson [3-b]

das Kleid (–es, –er) dress [13-b]

der Kleiderständer (–s, –) coat rack [12-a]

die **Kleidungsstücke** (*pl.*) wearing apparel [13-a]
klein small [4-a]
die **Klingel** (–n) (door) bell [4-a]
klingeln to ring the bell [4-a]
klug smart, intelligent [3-b]
kochen to cook [2-b]
die **Köchin** (–nen) cook [2-b]
der **Koffer** (–s, –) trunk, large suitcase [15-a]
komisch funny [13-b]
kommen (kam, ist gekommen) to come [2-a] **Das kommt nicht in Frage.** That is out of the question. [6-b] **Ich komme nicht oft dazu.** I don't often find time for it. [11-b]
die **Kommo'de** (–n) dresser [1-a]
das **Kompott'** (–s, –e) compote, stewed fruit [10-a]
können (kann, konnte, gekonnt) can, be able to [3-b] **ich kann . . . auswendig** I know . . . by heart [7-b] **wir könnten** (*subj.*) we could [12-b]
das **Konzert'** (–s, –e) concert [9-a]
das **Kopfkissen** (–s, –) pillow [1-a]
der **Korbball** (–s, ⸚e) basketball [11-a]
die **Korbballmannschaft** (–en) basketball team [11-b]
das **Korkmundstück** (–s, –e) cork tip [3-c]
korrigie'ren to correct [7-a]
kosten to cost [10-a]
das **Krankenhaus** (–es, ⸚er) hospital [13-a]
die **Krawat'te** (–n) necktie [1-a]
kreuzen to cross [5-a]
die **Kreuzung** (–en) crossing [5-c]
die **Küche** (–n) kitchen [2-a]
der **Kuchen** (–s, –) cake [5-a]
kurz short(ly) [8-a]

lachen to laugh [10-b]
der **Laden** (–s, ⸚) store, shop [5-a]
laden (lud, geladen) to load [15-a]

die **Lage** situation [14-c]
die **Lampe** (–n) lamp [1-a]
das **Land** (–es, ⸚er) country [6-a]
die **Landkarte** (–n) map [7-a]
lang(e) long [2-b, 5-b]; late [1-b]
langsam slow(ly) [1-a]
der **Langschläfer** (–s, –) late sleeper, sleepy head [1-b]
der **Lärm** (–s) noise [5-c]
lassen (läßt, ließ, gelassen) to let [9-b]; to leave [15-b]
das **Lastauto** (–s, –s) truck [5-a]
(das) **Latein'** Latin [6-a]
die **Later'ne** (–n) street light [13-a]
die **Laufbahn** (–en) track [11-a]
der **Läufer** (–s, –) runner [11-a]
laut loudly [8-a]
das **Leben** (–s) life [8-a]
das **Lebensmittelgeschäft** (–s, –e) grocery [5-a]
legen to lay, put [1-c]
lehren to teach **wird gelehrt** is taught [6-a]
der **Lehrer** (–s, –) teacher [4-b]
das **Leibgericht** (–s, –e) favorite dish [10-c]
leicht easy, simple [14-b]
die **Leicht'athle'tik** light athletics; track [11-a]
leid: Es tut mir leid. I am sorry. [9-b]
leider unfortunately [7-b]
leihen (lieh, geliehen) to lend [13-b]
die **Leine** (–n) leash [14-a]
leise softly [8-a]
lernen to learn; to study [1-a] **auswendig lernen** to memorize [1-b]
das **Lesen: zum Lesen** for reading [8-b]
lesen (liest, las, gelesen) to read [3-a]
der **Lesesaal** (–s, –säle) reading room [8-a]
letzt- last [7-a]
der **Leuchter** (–s, –) candlestick [2-a]
die **Leute** (*pl.*) people [10-b]

das **Licht** (–es, –er) light [5-a]

das **Lichtspielhaus** (–es, ⸚er) motion-picture theater [14-a]

lieb dear; charming [1-b]   **lieb haben** to be fond of [1-c]

lieber (*comp. of* gern) rather [2-b]   **ich will lieber** ... I had better ... [3-c]   **lieber hören** to prefer to hear [3-a]

die **Liebesgeschichte** (–n) love story [8-b]

der **Lieblingssport** (–s) favorite sport [11-b]

liebst- (*sup. of* gern): **am liebsten haben** to like best [3-a]   **am liebsten hören** to like to hear best of all [3-b]

liegen (lag, gelegen) to lie; to be [1-a]

der **Liegestuhl** (–s, ⸚e) deck chair; chaise longue [4-a]

link- left [11-a]

links to (on) the left [1-a]

los loose   **Was ist denn los?** What's the matter? [12-b]

lösen to buy (*a railroad ticket*) [15-a]

die **Luft** air [2-a]

die **Lust** pleasure   **Haben Sie keine Lust dazu?** Don't you want to? [8-b]   **Hätten Sie Lust ... zu ...?** Would you like to ...? [8-b]   **Ich habe keine Lust ...** I don't feel like ... [9-c]

lustig gay   **sich lustig machen über** to make fun of [8-b]

machen to make; to do [1-b]   **Das macht nichts.** That doesn't matter. [4-c]

das **Mädchen** (–s, –) girl [1-b]

mähen to mow, cut [4-c]

mahlen to grind   „**Wer zuerst kommt, mahlt zuerst.**" "First come, first served." [10-a]

mal: *the shortened form of* **einmal**

Do not translate. [3-b, 6-c, 8-b, 13-b]

man one [5-a]

mancher, manche, manches many a [14-a]

manchmal sometimes, now and then [3-b]

der **Mann** (–es, ⸚er) man [5-a]; husband [15-a]

die **Mannschaft** (–en) team [11-a]

der **Mantel** (–s, ⸚) overcoat [12-a]

die **Mappe** (–n) briefcase [12-a]

die **Marke** (–n) brand [13-b]

die **Marmela'de** (–n) jam [2-b]

die **Mathematik'** mathematics [7-b]

das **Mehl** (–s) flour [5-a]

mehr more [4-b]   **nicht mehr** not ... any more [15-b]

mehrere several [8-c]

mein my [1-b]

meinen to mean [7-b]; to think [13-b]

die **Meinung** (–en) opinion [2-b]

meist- most of [15-b]   **am meisten** most of all [11-b]

meistens mostly; usually [1-b]

die **Meisterschaft** championship [9-a]

die **Mensa:** *short for* **Mensa Acade'-mica** (*Latin*) Academic Table; college commons, student cafeteria [10-a]

das **Messer** (–s, –) knife [2-a]

die **Metho'de** (–n) method [7-c]

das **Mietshaus** (–es, ⸚er) apartment house [4-b]

die **Milch** milk [2-b]

mindestens at least [7-b]

die **Minu'te** (–n) minute [1-b]

mit with [1-a]

mit-bringen (brachte mit, mitgebracht) to bring along [7-a]; **to** take along [13-a]

miteinander with one another [8-a]

mit-gehen (ging mit, ist mitgegangen) to go along [1-b]

das **Mitglied** (–s, –er) member [11-a]

mit-kommen (kam mit, ist mitgekommen) to come along [1-b]

mit-nehmen (nimmt mit, nahm mit, mitgenommen) to take along [15-b]

mit-spielen to join (in play with) [10-b]

der Mittag noon zu Mittag essen to have lunch [2-a]

das Mittagessen (–s) lunch zum Mittagessen for lunch [2-a]

mittags at noon [9-a]

das Mittagsschläfchen (–s, –): ein Mittagsschläfchen halten to take an afternoon nap [9-a]

die Mittagsstunde (–n) noon hour [10-a]

die Mitte middle [2-a]

der Mittelpunkt (–s, –e) center [8-a]

die Möbel (pl.) furniture [2-a]

modern' modern [2-a] modernstmost modern [9-a]

mögen (mag, mochte, gemocht) to like ich möchte gern I should like to [1-b] Möchten Sie ... ? Would you like... ? [2-b] Möchten Sie lieber ... ? Would you rather have ... ? [2-b]

möglich possible [11-c]

der Monat (–s, –e) month [13-b]

monatlich monthly [8-a]

der Morgen (–s, –) morning [1-a]

morgen tomorrow [14-c] morgen früh tomorrow morning [14-b]

die Morgenausgabe (–n) morning edition [14-b]

morgens in the morning [8-a]

der Morgenzug (–s, ⸚e) morning train [15-a]

müde tired [1-a]

der Mund (–es) mouth [12-a]

die Musik' music [3-a]

musika'lisch musically inclined [3-a]

müssen (muß, mußte, gemußt) must, have to [3-b]

die Mutter (⸚) mother [1-b]

na well [2-b] Na ja Oh well [9-b]; All right then [3-c]

nach after; according to [7-a] nach Gehör by ear [3-a] nach Noten from notes [3-a]

das Nachbarhaus (–es, ⸚er) neighbor's house [4-a]

die Nachbarin (–nen) neighbor [7-b]

nach-gehen (ist) to be slow (referring to a clock) [6-c]

nachmittags in the afternoon [8-a]

die Nachmittagsstunde (–n) afternoon class [8-a]

die Nachricht (–en) news [4-b]

der Nachrichtendienst (–es, –e) news broadcast [3-a]

das Nachschlagewerk (–s, –e) reference book [8-a]

nach-schreiben to write down [7-a]

nach-sehen to look and see [13-b]

nächst- next [11-a]

der Nachteil (–s, –e) disadvantage [4-c]

der Nachtisch (–s, –e) dessert [10-a]

der Nachttisch (–s, –e) night table [1-a]

die Nachttischlampe (–n) night-table lamp, bed-side table lamp [1-a]

der Name (–ns, –n) name [7-b]

nämlich namely [4-a]

natür'lich of course [3-b]

neben next to, beside [1-a]

nebenan' next door [13-b]

das Nebenzimmer (–s, –) adjoining room [9-a]

sich (dat.) nehmen (nimmt, nahm, genommen) to take [2-b]

nein no [1-b]

nennen (nannte, genannt) to call [4-b] Wie nennt man das auf deutsch? What do you call that in German? [7-b]

nett nice [3-b]

neu new [3-b]; recent [5-b] die

neueren Sprachen the modern languages [6-a]

neulich the other day [9-a]

neun nine [7-b]

neunzehn nineteen [4-a]

neust- (*sup. of* neu) newest, latest [8-a]

nicht not [1-a]   nicht wahr? isn't it (true)? [1-b]

nichts nothing [13-b]

nie never [1-b]

niemand nobody, no one [3-b]

noch still, yet [1-a]   noch ein another [2-b]   noch ein paar a few more [9-b]   noch nicht not yet [9-b] noch nie never before [10-c]

nördlich (to the) north [4-b]

die Noten (*pl.*) music   nach Noten from notes [3-a]

nötig necessary [3-c]

nötigen to press (*a guest*) to help himself   Bitte lassen Sie sich nicht nötigen! Please don't wait to be asked! [2-c]

notwendig necessary; badly [13-c]

die Novel'le (–n) short story [8-a]

null zero   sechs zu null six love [12-b]

die Nummer (–n) number; issue [8-a]

nun now [10-b]; well [12-b]   nun bald very soon [14-b]

nur only [1-b]; just [5-b]

nützen to be of use   Das würde ja doch nichts nützen. That wouldn't do any good anyway. [15-b]

O ja! Yes, indeed! [3-b]

ob if [10-b]

das Obst (–es) fruit [2-b]

die Obstschale (–n) fruit bowl [2-a]

oder or [2-b]

offen open [2-a]

öffentlich public [13-a]

öffnen to open [3-a]

oft often [2-a]

das Ölgemälde (–s, –) oil painting [2-a]

der Omnibus (–ses, –se) omnibus, bus [5-a]

die Orchide'ĕ (–n) orchid [13-a]

oriĕntiert' sein to be informed [14-c]

das Paar (–es, –e) pair [13-a]

paar: ein paar a few [9-b]

das Päckchen (–s, –) small package, pack [3-a]

der Papier'korb (–s, ⁓e) wastebasket [7-a]

parken to park [13-a]

das Parkett' (–s) main floor [9-a]

passie'ren to happen [2-c]

die Pause (–n) intermission [7-a]

die Person' (–en) person [1-a]

der Pfefferstreuer (–s, –) pepper shaker [2-a]

die Pfeife (–n) pipe [3-a]

(die) Philosophie' philosophy [6-a]

die Philosophie'stun'de (–n) philosophy class [6-b]

die Photographie' (–n) photograph [1-a]

die Platte (–n) record [3-b]

der Platz (–es, ⁓e) place, seat [7-a]   Platz nehmen to sit down [10-b]

das Podium (–s, –diĕn) platform [7-a]

die Politik' politics [14-c]

poli'tisch political [14-c]

die Post post office [13-a]; mail [4-a]

die Postkarte (–n) postal card [4-a]

der Präsident' (–en, –en) president [6-a]

die Preisliste (–n) price list; menu [10-a]

preiswert reasonably [10-a]

probie'ren to try [3-c]

der Profes'sor (–s, Professo'ren) professor [12-a]

die Prüfung (–en) examination [1-b]

(die) Psychologie' psychology [6-a]

die **Psychologie'stunde** (–n) psychology class [9-b]

das **Pult** (–es, –e) desk [7-a]

der **Punkt** (–es, –e) point **Punkt acht Uhr** at eight o'clock sharp [1-b]

pünktlich punctual(ly), on time [7-a]

das **Rad** (es, ⁊er) wheel **Ich will aber nicht das fünfte Rad am Wagen sein.** But I don't want to be the fifth wheel on the cart. [6-c] **Rad fahren** to bicycle [11-a]

der **Radfahrer** (–s, –) bicyclist [5-a]

der **Radier'gummi** (–s, –s) eraser [1-a]

das **Radio** (–s, –s) radio [3-a]

der **Ra'dioapparat'** (–s, –e) radio (set) [3-a]

das **Ra'dioprogramm'** (–s, –e) radio program [3-a]

der **Rasen** (–s) lawn, grass [4-c]

der **Rasenplatz** (–es, ⁊e) lawn [4-a]

das **Rathaus** (–es, ⁊er) city hall [13-a]

rauchen to smoke [3-a]

der **Raucher** (–s, –) smoker [13-b]

der **Rauchtisch** (–s, –e) smoking table [3-a]

der **Raum** (–es, ⁊e) room [8-a]

die **Rechnung** (–en) bill, check [10-a]

recht right [5-a] **Das ist mir recht.** That's all right with me. [1-b] **recht haben** to be right [4-b]

rechts to (on) the right [1-a]

der **Rechtsanwalt** (–s, ⁊e) lawyer [13-a]

die **Redewendung** (–en) idiomatic expression [7-c]

rege lively; heavy [5-c]

der **Regenmantel** (–s, ⁊) raincoat [13-a]

der **Regenschirm** (–s, –e) umbrella [12-a]

regnen to rain [12-b]

die **Reihe** (–n) row [7-a]

die **Reise** (–n) trip [15-a]

das **Restaurant'** (–s, –s) restaurant [12-c]

richtig real [5-b] **Richtig!** That's right! [1-b]

die **Richtung** (–en) direction [4-b]

riechen (roch, gerochen) to smell [2-b]

der **Roman'** (–s, –e) novel [8-a]

die **Rose** (–n) rose [13-a]

rot red [5-a]

die **Rückfahrkarte** (–n) return ticket [15-a]

rufen (rief, gerufen) to call [15-a]

ruhig quiet [7-b]

das **Rührei** (–s, –er) scrambled egg [2-c]

die **Sachen** (*pl.*) things [1-c]

sagen to say [1-a]; to tell [2-c] **Was Sie nicht sagen!** You don't say! [4-b]

die **Sahne** cream [2-b]

der **Sahnegießer** (–s, –) cream pitcher [2-a]

der **Salat'** (–es, –e) salad [10-a]

die **Salz'kartof'fel** (–n) boiled potato [10-a]

der **Salzstreuer** (–s, –) salt shaker [2-a]

der **Satz** (–es, ⁊e) sentence [14-a]

das **Saxophon'** (–s, –e) saxophone [3-a]

das **Schach** (–s) chess [9-a]

die **Schachtel** (–n) (cardboard) box [3-a]

schade: es ist schade it's too bad [2-b] **wie schade** what a pity [5-b]

die **Schallplatte** (–n) record [3-a]

der **Schalter** (–s, –) switch [7-a]

das **Schaufenster** (–s, –) show window [13-a]

der **Schaukasten** (–s, ⁊) show case [14-a]

scheinen (schien, geschienen) to shine [11-c]; to seem [3-b]

der Scherz joke **Das sagen Sie nur im Scherz.** You don't really mean that. [14-b]

schicken to send [4-b]

schieben (schob, geschoben) to push [15-a]

die Schiene (–n) rail [15-a]

das Schild (–es, –er) sign [14-a]

der Schlafanzug (–s, ⸚e) pajamas [1-a]

schlafen (schläft, schlief, geschlafen) to sleep [1-b]; to be asleep [15-b]

das Schlafzimmer (–s, –) bedroom [1-a]

schlagen (schlägt, schlug, geschlagen) to beat [11-a]

die Schlange (–n) snake **Schlange stehen** to stand in line [12-c]

schlechtest- (*sup. of* schlecht) poorest [7-a]

schlimm bad [2-c]

schmecken to taste [2-b] **der (Tee) schmeckt mir nicht** I don't care for tea [10-c]

schnell (schneller, schnellst-) rapid- (ly) [1-a]; quick(ly) [7-b]; fast [10-b]

die Schnitte (–n) slice [2-b]

die Schokola'de chocolate [12-a]

das Schokola'dengeschäft (–s, –e) candy store [14-a]

schon already [2-a] **Er wohnt schon seit …** He has been living for … [4-a] **Wir werden schon etwas finden.** We'll find something all right. [13-b] **schon mal** (*in questions*) ever [11-b]

schön (schöner, schönst-) beautiful, nice [1-a]

der Schornstein (–s, –e) chimney [4-a]

schreiben (schrieb, geschrieben) to write [4-b]

die Schreib'maschi'ne (–n) typewriter [1-a]

der Schreibtisch (–s, –e) writing desk [1-a]

schriftlich written [7-c]

die Schublade (–n) drawer [1-a]

der Schuhladen (–s, ⸚) shoe store [13-a]

die Schularbeit (–en) homework [3-a]

das Schulbuch (–s, ⸚er) schoolbook [4-a]

die Schule (–n) school [1-b]

das Schulgeld (–es) tuition fees [6-c]

der Schultanz (–es, ⸚e) school dance [13-c]

die Schulzeitung (–en) school paper [14-c]

der Schutzmann (–s, –leute) police-man [13-a]

schwächst- (*sup. of* schwach) weakest [7-b]

schwänzen to skip *or* cut class [6-b]

schwarz black [4-b]

das Schwarzbrot (–s, –e) rye bread [5-a]

schweigen to be silent **Schweigen wir lieber davon!** Let's not speak about it! [12-b]

schwer heavy [8-b]; difficult, hard [7-b]

die Schwester (–n) sister [4-b]

das Schwimmbecken (–s, –) swimming pool [11-a]

schwimmen (schwamm, geschwommen) to swim [11-a]

das Schwimmen (–s) swimming [11-a]

der Schwimmkursus (–, –kurse) swimming class [11-b]

schwül sultry [10-c]

sechs six [7-a]

der See (–s, –n) lake [8-b]

sehen (sieht, sah, gesehen) to see [1-a]; to look [8-b]; to notice [9-c]

sehr very [1-a]

sein (ist, war, ist gewesen) to be **es sind** they are [1-a] **Das wäre nett!** That would be nice! [10-b] **Wie lange sind Sie schon hier?** How long have you been here? [6-b] **Wie wär's mit...?** How about...? [13-b]

seit since; for [2-b]

die **Seite** (–n) side [5-a]

das **Sekretariat'** (–s, –e) registrar's office [6-a]

selbst (for) yourself [7-b]; herself [15-a]

die **Selbst'biographie'** (–n) autobiography [8-b]

selten seldom [14-c]

das **Seme'ster** (–s, –) semester [11-b]

die **Seme'sterprü'fung** (–en) final examination [8-a]

die **Servi̇et'te** (–n) napkin [2-a]

der **Sessel** (–s, –) easy chair, armchair [3-a]

sich **setzen** to sit down [2-a]

sicherlich certainly, undoubtedly [11-b]

sieben seven **um halb sieben** at half past six [1-b]

siebzehn seventeen [6-a]

singen (sang, gesungen) to sing [3-a]

der **Sinn** (–es, –e) mind [15-b]

sitzen (saß, gesessen) to sit [1-a]

der **Sitzplatz** (–es, ⸚e) seat [9-a]

so so, there [1-b]; is that so? [2-b] **So eine Frage!** What a question! [9-c] **so etwas** such a thing [9-c] **so lange** that long [1-c] **so...wie** as...as [4-b]

sobald' as soon as [15-b]

die **Socke** (–n) sock [1-a]

das **Sofa** (–s, –s) davenport, sofa [3-a]

die **Sofaecke** (–n) corner of the davenport [9-a]

sogar' even [3-b]

sollen (soll, sollte, gesollt) shall **wenn ich...soll** if you want me

to... [9-c] **sollte** should [15-b]; ought to [9-b]

der **Sommer** (–s, –) summer [11-a]

der **Sommermantel** (–s, ⸚) topcoat [13-a]

der **Sonnabend** (–s, –e) Saturday [11-a]

die **Sonne** sun [11-c]

sonntags Sundays [1-b]

sonst otherwise, or else [6-b] **Sonst noch was?** Anything else? [3-b]

die **Sorge** (–n) worry **Sorge machen** to cause trouble [7-b] **Haben Sie keine Sorge!** Don't worry! [7-b] **Machen Sie sich keine Sorge um mich!** Don't worry about me! [10-b]

soviel' wie the same as [10-a]

sozusa'gen so to speak [7-c]

der **Spangenschuh** (–s, –e) strap shoe [13-a]

(das) **Spanisch** Spanish [6-a]

spanisch Spanish [1-a]

der **Spa'nischprofes'sor** (–s, –professo'-ren) professor of Spanish (Spanish professor [12-b]

der **Spaß** fun **Mir macht das Spaß.** I think that's fun. [4-c]

spaßen to joke [7-c]

spät (später, spätest-) late [3-b] **Wie spät ist es?** What time is it? [1-b]

spazie'ren gehen (ist) to go for a walk [8-b]

der **Speck** (–s) bacon [2-a]

die **Speise** (–n) food; dish [10-a]

der **Speisesaal** (–s, –säle) dining room [10-a]

der **Spiegel** (–s, –) mirror [1-a]

das **Spiegelei** (–s, –er) fried egg [2-a]

das **Spiel** (–es, –e) game [12-b]

spielen to play [3-a]

das **Spielen** playing [9-b]

das **Spielfeld** (–es, –er) playing field [11-a]

der **Sport** (–s) sport(s) [11-a]
der **Sportlehrer** (–s, –) coach [11-a]
der **Sportler** (–s, –) athlete [11-a]
der **Sportsmann** (–s, –leute) athlete [11-b]
die **Sprache** (–n) language [6-a]
sprachlos speechless [12-b]
sprechen (spricht, sprach, gesprochen) to speak, talk [5-a]
das **Sprechen** talking; conversation [7-b]
das **Sprechzimmer** (–s, –) office [13-a]
das **Sprichwort** (–s, ⸚er) saying, proverb [7-a]
der **Springer** (–s, –) jumper [11-a]
die **Sprunggrube** (–n) sand pit [11-a]
die **Sprungstange** (–n) vaulting pole [11-a]
der **Stabhochsprung** (–s) pole vault [11-a]
das **Stadion** (–s, –iën) stadium [11-a]
die **Stadt** (⸚e) city [4-a]
der **Stadtteil** (–s, –e) district [13-a]
die **Staffelei'** (–en) easel [7-a]
stark strong; very much [11-c] **starker Raucher** heavy smoker [13-b]
stecken to put [4-a]
stehen (stand, gestanden) to stand; to be [1-a] **Es steht Ihnen sehr gut.** It is very becoming to you. [13-c] **In der steht aber nicht viel ...** But there is not much ... in it [14-c] **Wie stand das Spiel?** What was the score? [12-b]
die **Stehlampe** (–n) floor lamp [3-a]
steil steep [4-a]
stellen to place, put [12-a] **Fragen stellen** to ask questions [7-c]
der **Stock** (–es, *pl*. Stockwerke) floor, story [4-a]
das **Stockwerk** (–s, –e) floor [4-a]
der **Stoff** (–es, –e) material [7-c]
stören to disturb, bother **Bitte lassen**

Sie sich nicht stören! Please don't let me disturb you! [9-b]
die **Strafe** (–n) fine [8-c]
die **Straße** (–n) street [5-a]
die **Straßenbahn** (–en) streetcar [5-a]
das **Straßenkleid** (–s, –er) street dress [13-a]
die **Straßenkreuzung** (–en) street crossing [5-a]
der **Straßenschuh** (–s, –e) street shoe [13-a]
der **Strauch** (–es, ⸚er) shrub, bush [4-a]
die **Strecke** (–n) distance [4-c]
das **Streichholz** (–es, ⸚er) match [3-a]
der **Strumpf** (–es, ⸚e) stocking, hose [13-a]
das **Stück** (–es, –e) piece [2-c]
das **Stückchen** (–s, –) small piece [10-a]
der **Student'** (–en, –en) student [1-a]
das **Studen'tenheim** students' union [6-b]
die **Studen'tin** (–nen) (girl) student [6-a]
die **Stufe** (–n) step [8-a]
der **Stuhl** (–es, ⸚e) chair [1-a]
die **Stunde** (–n) hour; class [1-b]
suchen to look for [1-b]
südlich (to the) south [5-c]
die **Suppe** (–n) soup [10-a]

das **Tablett'** (–s, –e) tray [10-a]
der **Tag** (–es, –e) day [1-b] **Guten Tag!** How do you do? Hello! [9-b]
tanzen to dance [3-b]
die **Tanz'musik'** dance music [3-a]
der **Tanzschuh** (–s, –e) dance slipper [13-a]
das **Taschengeld** (–es) (*weekly or monthly*) allowance [13-b]
das **Taschentuch** (–s, ⸚er) handkerchief [1-a]

die **Tasse** (–n) cup [2-a]
Tatsächlich? Is that a fact? [12-c]
(das) **Tausend** (–s, –e) thousand [8-a]
die **Taxe** (–n) taxicab [5-a]
der **Tee** (–s) tea [5-a]
der **Teelöffel** (–s, –) teaspoon [2-a]
der **Teil** (–es, –e) part [6-a]
teil-nehmen an to take part in [11-b]
der **Teller** (–s, –) plate [2-a]
(das) **Tennis** (–) tennis [3-b]
die **Tennismannschaft** (–en) tennis team [11-a]
der **Tennisplatz** (–es, ⸚e) tennis court [11-a]
der **Tennisschläger** (–s, –) tennis racket [10-c]
das **Tennisspielen** playing tennis [12-b]
der **Teppich** (–s, –e) carpet [1-a]
die **Terras'se** (–n) terrace [4-a]
die **Thea'terauf'führung** (–en) theatrical performance [9-a]
tief deep [13-c]
das **Tintenfaß** (–fasses, –fässer) ink bottle [1-a]
tippen to type [1-a]
der **Tisch** (–es, –e) table [2-a]
die **Tischlampe** (–n) desk lamp [1-a]
das **Tischtennis** (–) table tennis, ping-pong [9-a]
das **Tischtuch** (–s, ⸚er) tablecloth [2-a]
der **Toast** (–es) (*pron. as in English*) toast [2-a]
der **Toma'tensalat'** (–s, –e) tomato salad [10-b]
tragen (trägt, trug, getragen) to carry [8-b]; to wear [7-a]
trainie'ren to practice [11-a]
traurig sad [14-b]
(sich) **treffen** (trifft, traf, getroffen) to meet [5-b]
treiben (trieb, getrieben) to take part in, go in for [11-a]

treten (tritt, trat, ist getreten) to step, go [3-a]
die **Tribü'ne** (–n) grandstand [11-a]
trinken (trank, getrunken) to drink [2-b]
das **Trinkgeld** (–s) tip [10-a]
trotzdem nevertheless, just the same [3-c]
tun (tat, getan) to do [2-b] **Coca-Cola tut's auch!** Coca-Cola will do! [12-b]
die **Tür** (–en) door [2-a]
der **Turm** (–es, ⸚e) tower [6-a]
die **Turnhalle** (–n) gymnasium [11-a]

u.a. (unter anderem) among other things [5-a]
üben to practice [11-a]
über over, above [1-a]; across [5-a]
die **Überfüh'rung** (–en) viaduct [5-a]
übermorgen day after tomorrow [2-c]
die **Überra'schung** (–en) surprise [4-b]
der **Überschuh** (–s, ⸚e) galosh [13-a]
überset'zen to translate [14-a]
übrig remaining [7-a]
die **Übung** (–en) practice „**Übung macht den Meister!**" "Practice makes perfect!" [1-b]
u.dgl. (und dergleichen) and the like [5-a]
die **Uhr** (–en) clock [3-a]; o'clock [1-a]
um around [4-a]; at [1-b] **um ... herum** all around ... [11-a] **um ... zu** in order to ... [8-a]
ungeduldig impatient [10-b]
ungefähr about [4-a]
un'musika'lisch not musically inclined [3-a]
unpünktlich unpunctual **Die Männer sind immer unpünktlich.** Men are never on time. [9-b]
unser our [3-b]

unten below [3-a]
unter under, below [2-a]
sich unterhal'ten to talk [9-a]
die Untertasse (–n) saucer [2-a]
unvorsichtig careless [5-c]
usw. (und so weiter) etc. [1-a]

die Vase (–n) vase [2-a]
der Vater (–s, ⸚) father [2-b]
das Veilchen (–s, –) violet [13-a]
die Verabredung (–en) engagement;
date [12-a]
sich verabschieden to say good-by
[6-a]
veranstalten to perform, give [9-a]
das Verbindungshaus (–es, ⸚er) sorority or fraternity house [6-b]
verbringen (verbrachte, verbracht) to
spend [9-b]
verdursten to die of thirst [12-b]
die Verfügung: zur Verfügung stehen (with dat.) to be at the disposal of [8-a]
vergessen (vergißt, vergaß, vergessen) to forget [2-b]
das Vergnügen pleasure ich wünsche Ihnen viel Vergnügen I hope
you have a good time [13-c]
verheiratet sein to be married [4-b]
verkaufen to sell [12-a]
der Verkehr (–s) traffic [5-a]
verkehren to run [5-b]
das Verkehrslicht (–s, –er) traffic
light [5-a]
das Verkehrsmittel (–s, –) means of
transportation [5-a]
verkehrsreich with heavy traffic, busy
[5-a]
der Verkehrsschutzmann (–s, –leute)
traffic policeman [5-c]
sich verlaufen (verläuft, verlief, verlaufen) to lose one's way [9-b]
verlegen to misplace [11-c]
verlieren (verlor, verloren) to lose
[9-c]

verlobt sein to be engaged [4-b]
verpassen to miss [5-b]
verraten (verrät, verriet, verraten) to
disclose Soll ich Ihnen ein Geheimnis verraten? Shall I let you
in on a secret? [7-c]
verschieden various [5-a]
verschlafen (verschläft, verschlief,
verschlafen) to oversleep, sleep
through [9-a]
sich verspäten to be late [9-b]
versprechen (verspricht, versprach,
versprochen) to promise [15-a]
verstehen (verstand, verstanden) to
understand [5-b]
versuchen to try [14-b]
das Verwaltungsgebäude (–s, –) administration building [6-a]
viel much [2-b] nach der vielen
Schularbeit after all the homework
[14-b]
viele many [3-a]
vielleicht' perhaps, maybe [3-b]
vier four [5-b]
viereckig square [9-a]
viermal four times [14-a]
viertausend four thousand [6-a]
vierzehn fourteen [4-b]
die Volkswirtschaft economics [6-a]
voll full [10-b]
von of; from [3-a]
vor in front of [1-a]; before [1-b]
vorbei-gehen (ist) to pass by [6-a]
sich vor-bereiten auf to prepare for
[8-a]
der Vordergrund (–s) foreground
[3-a]
vor-fahren (ist) to drive up [14-a]
vorgestern day before yesterday
[13-c]
vor-haben: etwas vorhaben to have
an engagement, have something on
[12-b]
der Vorhang (–s, ⸚e) drape [1-a]
vor-kommen (ist) to happen [9-c]

kommt mir bekannt vor looks familiar to me [9-b]

der **Vormittag** (–s, –e) morning, forenoon [2-b]

vorn in front [4-a]

der **Vorname** (–ns, –n) first name [4-b]

der **Vorort** (–s, –e) suburb [4-c]

der **Vorschlag** (–s, ⸗e) suggestion [13-b]

vor-schlagen (schlägt vor, schlug vor, vorgeschlagen) to suggest [8-b]

vor-stellen to introduce [3-b]

die **Vorstellung** (–en) performance [14-b]

der **Vorteil** (–s, –e) advantage [4-c]

der **Vortrag** (–s, ⸗e) lecture einen **Vortrag** halten to give a lecture [9-a]

vorüber past; over [7-a]

vor-ziehen (zog vor, vorgezogen) to prefer [3-b]

der **Wagen** (–s, –) car [4-b]; (railroad) coach [15-b]

wählerisch particular [10-c]

wahr true [10-c]

während (*prep.*) during [10-a]

während (*conj.*) while [9-a]

die **Wahrheit** truth [9-c]

wahrschein′lich probably [5-a]

die **Wand** (⸗e) wall [1-a]

die **Wandtafel** (–n) blackboard [7-a]

wann when [1-b]

das **Warenhaus** (–es, ⸗er) department store [13-a]

wärmen to warm, heat [2-a]

warten (auf) to wait (for) [4-a]

warum′ why [6-b]

was what [1-b] was für what [1-b] was für ein what kind of [4-b] **Was** für **Wetter** ist es? How is the weather? [10-c]

was = **etwas**: **was Gutes** something good [10-b]

das **Wasser** (–s) water [10-a]

wecken to awaken [1-b]

der **Wecker** (–s, –) alarm clock [1-a]

Weg (–es, –e) way [4-a]

weg-gehen (ist) to go away, leave [15-b]

weh: O weh! Oh! Oh! [12-b]

Weihnachten Christmas [11-b]

die **Weile** while „Eile mit Weile!" "Haste makes waste!" [7-a]

der **Wein** (–s, –e) wine [12-b]

weiß white [13-a]

das **Weißbrot** (–s, –e) white bread [5-a]

weit far [3-c]

weiter further [1-c]; additional [7-c]

weiter-gehen (ist) to walk on [6-a]

weiter-sagen to tell Ich sage es nicht weiter. I won't tell anybody. [7-c]

der **Weitsprung** (–s) broad jump [11-a]

welcher, welche, welches which, what [4-b]

wenig little [3-b]

wenigstens at least [15-b]

wenn when, if [7-a]

wer who [1-b]

werden (wird, wurde, ist geworden) to become, get; to be [4-b]

das **Werk** (–es, –e) work; book [8-a]

die **Weste** (–n) vest [13-a]

westlich (to the) west [4-b]

wetten to bet [11-c]

das **Wetter** (–s) weather [12-a]

der **Wetterbericht** (–s, –e) weather report [3-a]

das **Wettspiel** (–s, –e) contest; game [11-a]

wie how [1-b]; as [8-b]; like [12-a] so … wie as … as [4-b] **Wie** heißt er mit Vornamen? What is his first name? [4-b]

wieder again [11-b]

wieder-kommen (ist) to come back; to be back [13-b]

General Vocabulary

wieder-sehen to see again Auf Wiedersehen! Good-by! [6-b]

Wieso'? Why do you ask? [8-b] But why? [4-c]

wieviel' how much [10-a]; how many [4-b]

der Winter (–s, –) winter [2-a]

der Wintermantel (–s, *) overcoat [13-a]

wirklich really [6-b]

der Wischer (–s, –) (blackboard) eraser [7-a]

wissen (weiß, wußte, gewußt) to know [5-b]

wissenschaftlich scientific [8-a]

wo where [6-b]

die Woche (–n) week [2-b]

das Wochenende (–s, –n) week end [11-c]

wochentags weekdays [8-a]

wöchentlich weekly [8-a]

woher' from where; how [5-b]

wohin' where Wohin Sie wollen. Wherever you wish. [2-c]

das Wohl: Zum Wohl! (To) your health! [12-b]

wohl well; probably [13-b]; I suppose [12-b] wohl und munter hale and hearty; very well [1-c]

wohnen to live [4-a]

das Wohnviertel (–s, –) residential district [4-a]

das Wohnzimmer (–s, –) living room [2-a]

die Wolke (–n) cloud [3-c]

die Wolldecke (–n) woolen blanket [1-a]

wollen (will, wollte, gewollt) to want to [4-b]; to be going to; let's [14-b] Wo wollen Sie denn hin? Where are you going? [6-b] Wollen wir . . . ? Shall we . . . ? [8-b]

womit' with which [7-a]

worauf' for what Na, worauf war-ten wir denn? Well, what are we waiting for? [9-b]

das Wörterbuch (–s, *er) dictionary [8-a]

der Wortschatz (–es, *e) vocabulary [1-a]

worü'ber what . . . about [10-b]

wovon' with what [7-c]

das Wunder (–s, –) wonder [9-b]

sich wundern to be surprised [15-b]

wünschen to wish ich wünschte (subj.) I wish [1-c]

die Zahl (–en) number, figure [6-c]

zahlen to pay [8-c]

der Zahnarzt (–es, *e) dentist [4-b]

zehn ten [1-b]

zeigen to show [6-a]; to point [7-a]; wird gezeigt is (being) shown [14-a]

der Zeigestock (–s, *e) pointer [7-a]

die Zeit (–en) time [3-b]

die Zeitschrift (–en) periodical [8-a]

der Zeitschriftensaal (–s, –säle) periodical room [8-a]

die Zeitung (–en) newspaper [3-a]

der Zeitungsstand (–es, *e) newsstand [14-a]

die Zensur' (–en) grade [7-a]

ziemlich rather [7-b]

die Zigaret'te (–n) cigarette [3-a]

die Zigar're (–n) cigar [12-a]

der Zigar'renladen (–s, *) cigar store [5-a]

das Zimmer (–s, –) room [1-a]

zu to [1-b]; too [2-b]

z.B. (zum Beispiel) for example [5-a]

der Zucker (–s) sugar [2-b]

die Zuckerdose (–n) sugar bowl [2-a]

zuerst' (at) first [10-a]

zufällig by chance; (with verb) happen to . . . [8-a]

der Zug (–es, *e) train [5-a]

zu-hören to listen to [3-a]

zu-langen to help oneself [2-b]
zu-machen to close [4-a]
zu-nehmen to gain weight [10-b]
der **Zungenbrecher** (–s, –) tongue twister [10-b]
zurück'-bringen to return [8-c]
zurück'-geben to return [7-a]
zusam'men together [5-b]; combined [9-a]
zusam'men-rechnen to add up [10-a]
der **Zuschauer** (–s, –) spectator [11-a]

zu-sehen to watch [9-a]
zu-sein (ist) to be closed [2-a]
zwanzig twenty [7-b]
zwei two [1-a]
zweimal twice [11-b]
der **Zweisitzer** (–s, –) coupé [4-b]
zweit- second [4-b]
zweiundzwanzig twenty-two [6-a]
zwischen between [1-a]
zwölf twelve [8-b]